제품 대신
솔루션을 팔아라

BUSINESS SOLUTION

제품 대신
솔루션을
팔아라

• 정영복 지음 •

CONTENTS

변화는 신속한 대응, 적합한 행동을 요구한다

급변하는 세상에서 당신의 적응력은 얼마나 되는가?

지금까지 좋았던 사업이 갑자기 어려워졌다면 그것은 환경이 바뀌었고 그에 따른 적응력이 감소했기 때문이다.

변화의 속도가 가속화될수록, 많은 기업들은 변화의 방향과는 다른 곳으로 향하는 경향이 있다. 산업의 리더가 바뀌고 경쟁우위도 이전보다 더 빠르게 사라지는 현상이 많이 일어나고 있다. 이런 현상은 특정 회사에서만 나타나는 것이 아니라 거의 모든 산업에서 나타나고 있다. 빠른 신기술 등장 및 규제 완화 때문에 모든 업종에서 시장진입 장벽이 많이 사라지고 소수 기업이 독차지했던 시장도 독점체제에서 무한 경쟁시장으로 확대되고 있기 때문이다. 또한 이용자본의 증가, 아웃소싱 방법의 다양화, 인터넷 이용의 보편화 등으로 예전보다 신사업에 진출하는 것이 빨라졌다. 사업의 성장 속도가 빨라지는 것도 같은 현상을 초래하는 것이다. 이것은 다른 면에서 보면 하나의 기업이 시장에서 오래 존속하지 못하고 바로 사라지는 현상이 나타나는 동기도 되고 있다.

특히 인터넷의 등장으로 거래의 중심이 생산자에서 소비자로 빠르게 바뀌어 소비자 중심의 시장이 형성됐다. 소비자는 이제 평범한 제품과 서비스에 매력을 느끼지 않는다. 해당 제품과 서비스의 기본 기능보다(본질적인 제품 성능과 기술 수준은 비슷하다고 생각한다) 디자인, 느낌, 추가 기능 또는 서비스 등 다른 부문에 더 관심을 가지고 있어 기존에 얻는 것보다 새로운 것(가치)을 더 선호하고 있기 때문이다. 이에 따라 고객가치를 창출하는 데 한계가 나타나고 있는 기업은 시장에서 설 자리를 점점 잃고 있다.

그 결과 더욱 차별화된 제품과 서비스를 만들려는 경쟁이 가속화되고 있다. 또한 신 가치를 제공하고 있는 회사들이 시장에서 좋은 성과를 얻고 있으며 이런 현상은 더욱 증대될 것이다.

대부분 알고 있는 사실이지만 우리나라에서 만들어서 판매하는 커피인 커피믹스가 있다. 이 커피는 출시되자마자 많은 인기를 끌었고 지금은 세계적인 인기 제품이 됐다. 커피믹스가 인기 있는 이유는 무엇일까? 그것은 맛, 편리성, 가격일 것이다. 즉 일반적으로 좋아하는 일명 '다방커피'를 모방해 만든 맛과 어디서든지 쉽게 만들 수 있고 가지고 다닐 수 있는 편리성, 그리고 저렴한 가격이 그 인기 요인이다. 이중 가장 중요한 기능인 편리성은 인기를 높이는 데 많은 공헌을 했다. 커피믹스가 탄생한 이유가 커피, 설탕, 프림을 일일이 타서 먹는 것이 귀찮고 세 가지를 모두 구비해놓아야 하니 번거로웠기 때문이다.

편의점을 살펴보자. 편의점은 동네 구멍가게의 장점과 슈퍼마켓의 장점만을 선택해 새롭게 탄생한 유통 점포이다. 개점시간이 긴 구멍가게의 장점을 살려 오랫동안 열어놓아 밤늦게라도 쇼핑할 수 있게 한 것이다. 그러나 구멍가게는 제품 수나 종류, 청결, 또는 진열성 등이 부족하다. 그래서 슈퍼마켓의 장점을 혼합해 가장 많이, 자주 구매하는 제품을 보기 좋고 깨끗하게 진열하였고, 언제든지 구매할 수 있도록 24시간 영업을 해 소비자들의 인기를 얻고 있는 것이다. 좀 더 나아가 고객의 편의를 높이기 위해 택배, 요금 수납, 충전, 세탁 등 다양한 서비스도 하고 있다. 고객의 욕구를 파악하고 해결점을 제시해 인기를 얻고 있다.

위 사례는 많이 알려진 사례이다. 이것이 시장의 변화를 나타내는 기본 동향인데 이런 시장 변화 흐름을 파악하지 못하든가 그냥 지나쳐버려 많은 구멍가게들이 문을 닫았다. 최근에는 재래시장 상인들이 할인점의 영향으로 장사가 안 된다며 아우성이다. 그래서 재래시장 보호법도 생겼다.

그러나 법으로 할인점 개설을 금지하는 것이 아니라 재래시장의 사업 방법과 점주들이 시장 변화에 제대로 대처할 수 있는 방법과 경쟁에서 이길 수 있는 아이디어 창출 방법을 알려줘야 한다. 물론 가르쳐 준다고 얼마나 성의를 갖고 활용할지는 모르지만 일단 고기 잡는 방법은 알려줘야 한다. 변화에 적응하는 방법이 가장 중요하다.

이번에는 변화 적응 사례를 보자. 만년 2위인 기아자동차가 디자인 혁신으로 과거 판매량을 경신하고 있고, 인터넷 쇼핑몰에서 떡을 퓨전 스타일로 만들어 1년 만에 10억 원 이상의 매출을 달성하고 있다. 외진 (차가 없으면 왕래가 불편한) 지역에 있는 베이커리 카페에 고객이 항상 북적인다. 그 이유는 무엇인가? 이 점포들은 왜 오래도록 인기가 있는가? 이는 다른 점포와 다르게 고객에게 적합한 장점이 있기 때문이다. 즉, 고객이 원하는 것을 회사나 개인이 갖추고 있고 그것을 고객에게 잘 전달해 고객 스스로 결정, 구입하게 하는 것이다. 이것을 전문 용어로 솔루션이라 한다. 고객이 불편하다고 느끼는 것을 해결할 새로운 방법을 고민하고 고객이 부족하게 느끼는 것이 무엇인지를 찾아 좀 더 나은 것을 개발하는 등 고객이 현재보다 더 개선, 절약, 편리, 향상이 되는 무엇인가를 얻으려고 하는 데 대한 해결 방법을 솔루션이라고 하는 것이다.

앞으로도 이런 상황은 계속될 것이며, 누군가가 새로운 방법을 제시해 인기를 얻을 것이다. 지금 우리도 이런 방법을 연구해야 한다. 이는 그리 어렵지 않다. 중요한 것은 관심과 노력을 기울여야 가능하다는 것이다.

새로운 방법은 창의적이고 어려운 것이라고 생각하겠지만 꼭 그렇지는 않다. 어떤 제품 내용, 서비스, 기능을 추가하면 새로운 고객을 유인할 수 있을지, 어떤 기능을 변경하면 돈을 더 지불할지 등을 고민하면 해답을 찾을 수 있다.

예를 들면, 음식점에서 주문을 받을 때 서서 고객을 내려다보며 주문을 받는 것보다 고객의 눈높이보다 낮게 앉아서 주문을 받으면 고객들이 친절하다며 자주 찾아온다. 복잡하고 이용하는 고객이 많은 경우 예약을 하면 더욱 편리하다(그러나 예약 시에는 할인 혜택이 없다). 지정좌석제 등을 시행하면 추가 요금을 더 받을 수 있으니(고객도 기꺼이 지불한다) 고정 매출 확보와 매출 증대를 이룰 수 있다. 이런 고객의 혜택을 추가해 매출도 증대시키고 경쟁력도 확보할 수 있는 방법을 비즈니스 솔루션이라고 한다.

어느 자동차 회사가 중고차를 전시품 수준의 품질로 회복시키고 추가적인 보증 기간을 부여하는 등 구매 고객에게 새로운 가치를 제공해 인기를 끌었다는 이야기가 있다. 이런 것도 좋은 비즈니스 솔루션의 예가 된다.

일반적으로 비즈니스 솔루션은 컴퓨터와 소프트웨어를 이용해 회사의 문제를 해결하는 솔루션 프로그램을 말한다. 그러나 여기서는 사업에 관한 다양한 문제를 해결하고 지원하는 것을 다루고 있어 광의의 비즈니스 솔루션으로 이해하면 될 것이다. 이제 솔루션이란 단어는 특정 회사나 영업활동에서 사용하는 것이 아니라 전 산업에서 사용된다.

그러면 한 단계 올라선 해결 방안을 제시하고 활용해 불황과 경쟁열위를 탈피할 수 있는 지름길을 찾아보자.

비즈니스 솔루션이란 무엇인가?

사례를 통해 이해를 하면 훨씬 활용이 빠를 것이다.

사례 1 커피 사업의 비즈니스 솔루션(예)

K씨는 커피 회사 영업사원이다. 다음 상황에서 K씨가 커피 원두를 판매한다면 무엇을 준비해야 할까?

각 원두별로 킬로그램당 가격이 정해져 있고 일정량 이상 구매 물량이 증가하면 판매 가격을 할인해주는 것이 일반적인 관례이다. 요즘은 커피 수요도 많아졌지만 커피 공급자들도 많아져 경쟁이 치열하고 가격, 맛, 산지별로 판매 가격이 다르다. 그런데 우리와 유사한 경쟁 회사가 이번에 시설을 증설해 납품가를 낮춘다는 소문이 돌고 있어 고민이 많다. 구입 회사들도 아직 올해 구입 물량과 가격을 확실히 정하지 못해 K씨도 올 예상 매출액을 결정하지 못하고 있다.

그러면 팔지 않고 기다릴 것인가? 만약 경쟁 회사가 가격을 낮추면 못 판다는 것인가?

이것은 일반적인 경쟁 상황이고 영업팀이 딜레마에 빠지는 현상이며 가격경쟁만 조장되는 시장이다. 가격경쟁, 마진 지원, 판촉활동 경쟁을 하면 회사의 이익만 감소시킬 뿐이다.

달리 생각해보는 것은 어떤가? 구입자가 커피를 가공해 아메리카노 커피를 팔 때 중요시하는 것은 무엇일까?

여기서부터 K씨는 검토를 해보았다.

- 커피 원두 값
- 커피를 끓이는 시간
- 커피 찌꺼기의 양
- 커피 찌꺼기의 재활용 방법
- 커피를 끓일 때 소요되는 물의 양
- 커피를 내릴 때 사용하는 필터의 사용량
- 커피 기계 청소의 수월성과 청소시간
- 커피 찌꺼기 처리비용

이처럼 커피 판매를 위한 일련의 과정을 확인해보았더니 경쟁사의 커피와 다른 것이 확인됐다. 우리 회사 커피는 찌꺼기의 양이 적으며 끓일 때 소요되는 물의 양도 적어서 실제 100킬로그램의 커피를 판매했을 때 커피 원가는 경쟁사보다 5퍼센트의 절감 효과를 보였다. 즉, 5퍼센트의 가격경쟁력이 있는 것으로 확인된 것이다. 또한 우리 커피 맛이 좀 더 대중적이기 때문에 경쟁력을 충분히 갖출 수 있다는 확증을 얻어 새로운 영업 방법을 활용하기 시작했다.

K씨는 원두 가공커피를 벌크 타입으로 슈퍼마켓에도 판매하고 있는

데 커피의 용도를 증대시키기 위한 연구를 했다. 그 결과 카레 요리를 할 때 커피를 조금 섞으면 카레의 색깔도 좋아지고 맛도 나아진다는 것을 알게 됐다. K씨는 카레 판매팀과 같이 행사를 해 새로운 매출 증대 기회를 잡고 회사의 이미지도 상승시켰다. 다양한 경쟁우위, 매출 증대 방법을 고안해 보다 자신 있는 영업활동을 하게 된 것이다. 이 내용이 이해가 됐다면 영업사원들도 기존의 지식과 방식을 고집하는 영업 방법을 바꿔야 한다. 다만 생각만큼 잘되지 않는 것이 문제이다.

사례 2 비행기 엔진 사업의 비즈니스 솔루션(예)

항공 엔진을 제조하는 롤스로이스사는 항공사의 성과가 엔진의 우수한 기능에서 이뤄진다고 보고 견고한 엔진을 만드는 데 노력을 기울였다. 그러나 최근에 와서 실제 항공사들의 관심이 달라지고 있는 것을 발견했다. 출력이 좋은 엔진보다는 효율성을 높여 생산성을 증대시키는 것을 성과의 목표로 책정하였던 것이다.

롤스로이스사는 효율성이 높은 엔진 사용을 위한 검토를 하기 시작했다. 그 결과 가치사슬별로 다음과 같은 문제점을 파악할 수 있었다.

- 엔진 구매비용이 과다해 실제 투자수익률 증대를 기대하기가 어렵다.
- 비행 단계에서 엔진의 과다 또는 과소 사용으로 생산성 저하나 추가비용이 발생한다.
- 유지, 보수 시에는 실제 운행을 하지 못해 매출에 차질이 발생하며 어떤 경우에는 정해진 기간을 넘겨 운행하는데 어려움을 겪기도 한다.

이를 해결하기 위해 롤스로이스사는 엔진 판매보다 엔진 사용에 초점을 맞춰 고객사가 좀 더 생산적인 엔진 운영을 검토했다. 그 결과 사업 개념을 바꿔 엔진 제조 판매 회사가 아닌 엔진 사용 제공 회사로 바꿔 판매보다는 사용시간 중심으로 수익을 발생시키는 사업모델로 전환했다. 항공사의 초기 엔진 구매비용을 덜게 하였고 비행에 관련해서는 비행계획 수립 및 효율적인 엔진 사용 방법 자문을 통해 비행기 이용을 극대화했다. 또 기술진을 고객사에 파견해 즉각적이고 지속적인 유지, 보수를 제공해 고객사의 비용 발생 또는 기회이익을 상실하는 것을 감소시켰다.

이후 롤스로이스사와 항공사가 서로 공존해 윈윈하는 사업모델을 구축하게 됐다.

사례 3 점포의 비즈니스 솔루션(예)

동네 슈퍼마켓의 수익 구조는 할인점의 진출, 사이버 쇼핑몰의 증대 등으로 고객이 이탈하고 1인당 객단가도 감소해 매출 증대 및 수익 보전이 그리 쉬운 상황은 아니다. 점주는 조금이라도 저렴한 제품을 유치하려 하고, 또 가능한 한 리베이트를 많이 주는 제품을 판매하기 위해 노력하기도 한다. 그러나 경쟁이 워낙 치열한 상황이라 이 또한 쉬운 일이 아니다. 제조업체 영업사원도 상황은 비슷하다. 월 매출 목표를 달성하기 위해 부단한 노력을 하고 있으나 경쟁사도 쉬고 있는 것은 아니며 고객의 욕구도 다양해 적절한 제품을 판매하기가 쉽지 않은 것이다.

이 상황에서 가격 할인도 거의 없고 한 번의 노력으로 여러 가지 제품을 같이 판매할 수 있어 매출과 이익 목표를 달성할 수 있다면 얼마나 좋겠는가?

수험생이 있는 어머니가 슈퍼마켓에 들려서 여러 가지 물품을 구매하다가 이런 문구를 발견했다. '수험생에게 필요한 간식'. 그렇지 않아도 어머니는 수험생 자녀에게 무엇을 사줄까 생각하고 있었다. 그런데 마침 점포에서 주스와 스낵, 과자 또는 초콜릿을 세트로 묶어 진열하고 있던 것이다.

이 세트는 수험생 어머니들의 구매력에 힘입어 예상보다 빠른 매출 회전율을 보였다. 게다가 점포에서는 각각 할인 가격으로 팔다가(예를 들면 1,000원짜리를 각각 할인해 3,000원이 아닌 2,600원에 판매) 이 세트를 2,900원에 판매하면서 전보다 이익을 얻었다. 소비자들은 자기에게 필요한 상품을 구입할 때 가격을 크게 따지지 않았다. 도리어 상품을 잘 기획했다고 점포를 칭찬했다.

얼마 전에 어느 슈퍼에서 삼겹살 데이를 정해 판촉을 하였는데 의외로 여러 가지 양념과 야채도 많이 팔려 예상 매출을 훨씬 상회했다는 기사가 난 적이 있다. 고객이 원하는 제품군을 묶어 하나의 테마를 형성해 팔면 고객, 유통점, 영업사원이 전부 이익이 되는 경우가 발생한다. 이제는 단품식 판매가 아니라 고객이 원하는 것을 한꺼번에 구매할 수 있게 하는 판매(일괄 구매 one stop purchasing)가 증대하고 있다.

이와 같이 고객에게 필요한 사항을 제안해 판매를 증대시켜 이익을 얻고, 고객은 만족을 얻는 솔루션을 제공한 것이다.

지금까지 세 가지 유형의 모델을 검토했다. 이렇게 제시하는 방법을 솔루션이라 한다. 고객에게 좀 더 많은 혜택(단순히 제품/서비스의 특징만이 아니라 비용 절감, 생산성 향상 등의 성과를 얻을 수 있게 하는 것)을 제공해 비즈니스 활동의 제반 문제를 해결해 매출액과 회사 이미지를 증대시키는 것이다. 이 방법이 영업에 도입, 활용되면 솔루션 세일즈라 하며 사업 전반에 활용되면 비즈니스 솔루션이라 한다. 이것은 현재 많이 사용되고 있는 방법으로, 고객문제 해결을 위한 솔루션 방법을 이해하고 활용하는 것이 매우 필요하다.

솔루션은 단순히 현 제품/서비스에 다른 것을 묶어서 팔거나 싸게 팔거나 또는 섞어서 파는 방법이 아니다. 솔루션은 소비자의 욕구에 기초해서 좀 더 나은 해결 방법을 개발해 성과를 높이는 것이다. 기업이 보유하고 있는 상품을 좀 더 많이 팔기 위해 만들어내는 것이 아님을 명심해야 한다.

진정한 비즈니스 솔루션은 고객과 함께 그들의 문제를 규명하고 맞춤화된 솔루션을 설계하는 것을 의미한다. 이를 위해서는 판매 전후에 상당한 노력이 필요하며 보다 많은 고객관계 서비스가 필요하다.

솔루션이 필요한 최적 고객에게 적합한 제품/서비스를 신속히 제공하고 정확한 운영 및 관리, 핵심 활동에 집중하며 더 높은 성과 증대, 내부 자원의 절감 등을 중시하는 기업이 지혜로운 것이다. 솔루션 공급 회사들은 고객의 수익 증대, 시장에서의 비교우위 구축, 사업과 관련된 고객의 위험이나 책임 경감, 제품이나 서비스 이용과 관련된 고객의 총비용 절감 등을 통해서 고객을 위한 가치를 창출하고 있다.

솔루션의 궁극적인 목표는 고객의 최종적인 성과 향상에 있다. 여기서 성과란 기업 고객에게는 비용 절감, 수익 증대, 리스크 관리 등을 의

미하고, 개인 고객에게는 제품/서비스를 통해 실현할 수 있는 궁극적인 가치 즉 편의성, 즐거움, 명예·이미지, 건강, 쾌적함·안락함 등을 의미한다.

따라서 비즈니스 솔루션은 일반적인 상황을 성장 기회로 만들면서 고객의 어려운 문제 해결 및 수익 구조 개선, 자사 이윤창출을 동시에 도모하기 위해서 고객의 욕구를 새로이 정의하고 있다. 고객의 욕구는 단순히 눈에 보이는 것 또는 직면한 문제의 해결을 넘어서 더욱 넓고 깊은 고객의 문제를 해결해주는 중요한 역할을 한다. 성장의 정체에 직면한 대다수의 기업은 수요혁신, 수요창출에서 해답을 얻어야 한다. 수요창출은 고객에게 이익이 되는 새로운 솔루션을 제공하는 것이다. 솔루션은 기업에서 이윤창출을 위한 수요혁신의 열쇠가 될 것이다.

과연 솔루션이란 무엇인지 그 실체를 명확히 규명하고, 이러한 솔루션 사업을 제대로 수행하기 위해서는 어떠한 준비를 해야 하는지를 살펴보는 것이 현 시점에서 의미 있는 일이다. 이제는 과연 이러한 솔루션을 활용해 기존 사업의 변화 또는 새로운 사업의 추진 등을 어떻게 준비하고 실행해야 할지에 관심이 모아진다.

여기서 귀사의 제품/서비스를 주시해볼 필요가 있다. 해당 제품/서비스를 쓰는 고객들의 진정한 욕구 또는 발견하지 못한 욕구는 무엇인지, 이를 해결하기 위해 어떤 솔루션 서비스를 제공해야 하는지를 생각해볼 시기이다. 이제부터 비즈니스 솔루션에 대해 연구해보자. 그러면 귀하의 회사의 매출액과 이익 증대에 변화가 올 것이다. 그러나 기존 영업 방법에 애착을 가지고 있거나 회사나 직원들이 변하기를 원치 않는다면 이 책은 그리 필요치 않을 것이다.

비즈니스 솔루션의 장점은 다음과 같다.

- 회사 매출액과 이익이 증가한다.
- 새로운 시장 개척에 도움이 된다.
- 고객만족도가 증가한다.
- 나아가 고객을 고정 고객화할 수 있다.
- 회사의 이미지도 높아지는 효과가 있다.

따라서 많은 기업들이 비즈니스 솔루션을 도입하고 있다.

그러나 지금까지 실패율도 높은 편이었다. 그 이유는 솔루션에 대한 정확한 이해가 부족하기 때문이다.

이 책에서는 최근 변하는 시장 환경 및 고객욕구를 중심으로 비즈니스 솔루션이 왜 필요한 것인지를 검토하고 비즈니스 솔루션의 개념을 확인했다. 또한 이를 위한 필요충분조건을 연구하고 사업 분야, 영업 분야, 그리고 점포 경영에 적용하는 사례를 검토해 실제 활용할 수 있는 토대를 구축하도록 제시하고 있다. 제1장에서는 시장 환경 및 고객욕구의 변화를 검토해 왜 비즈니스 솔루션이 필요한가를 확인한다. 제2장에서는 비즈니스 솔루션을 실행하기 위해 사업을 검토하는 기본 생각을 살펴보고 필히 확인해야 할 내용을 파악한다. 그리고 그 내용을 특정 모델에 대입해 고객가치를 창출하는 방법을 연습해 비즈니스 솔루션 방향을 정립한다. 제3장에서는 실제 사례를 통해 비즈니스 솔루션 모델을 검증한다. 또한 사업 분야, 영업 분야, 점포 경영 분야별로 비즈니스 솔루션을 실천할 수 있는 세부 필요충분조건을 다뤘다.

본 책을 읽기 전에 귀사 또는 귀하가 비즈니스 솔루션을 어느 정도 수행하고 있는지 점검하는 것이 좋다. 다음의 설문을 보고 해당 사항을 확인하면 비즈니스 솔루션 실행(활용)능력을 파악할 수 있다.

1 과거보다 현재의 매출, 또는 이익이 하락하고 있는가

2-1 과거 10년 동안 영업 방법, 내용 등이 변하거나 추가됐는가

2-2 이 내용들의 추가나 수정으로 매출, 이익이 유지 또는 증대되고 있는가

3-1 회사 내에서 매출, 이익을 꾸준히 유지 또는 증대시키고 있다면 이를 담당하고 있는 직원의 사업 방법을 확인해 봤는가

3-2 사업 방법을 확인한 후 발견한 좋은 점은 시행하고 있는가

3-3 시행해서 효과를 봤는가

4-1 새로운 경쟁자가 시장에 진입해 매출이 증대되고 있는데 이들 사업 방법에 대한 검토를 통해 다른 점을 발견했는가

4-2 발견했다면 그들의 방법을 답습해 실행하고 있는가

4-3 실행해 성과가 있었는가

5-1 같은 업종이 아닌 다른 업종에서 매출, 이익 증대가 높은 회사의 이름을 아는가

5-2 만약 안다면 그 회사의 성공사례를 확인해 본 적이 있는가

5-3 확인을 해서 좋은 점을 활용해 본 적이 있는가

5-4 활용해 보았더니 매출, 이익이 증대했는가

[결과]

>>> **1, 2번** 항목을 시행한 적이 없다면 귀사나 귀하의 사업 방법과 내용을 수정하는 과정이 필요하다. 나아가 변신이 필요할 수도 있다. 시대에 뒤떨어지고 있는지도 모르니 빠른 조치가 필요하다.

>>> **3-3, 4-3, 5-4번** 항목에 해당된다면 지금까지의 문제가 귀사나 귀하의 문제이므로, 성공사례를 확인해 그 방법을 습득, 습관화하는 노력이 필요하다. 예를 들면, 복사기 회사에서 3~4년 동안 근무한 영업사원을 만나서 그들의 행동, 영업 방법, 사고방식 등을 파악하고, 직접 실행을 하면서 많은 도움을 얻고 귀사나 귀하의 노하우로 만드는 작업이 필요하다.

>>> **3-1, 4-1, 5-2번** 항목에 해당된다면 귀사나 귀하는 사업적 마인드가 부족한 것이다. 특히 시장 변화 트렌드에 관심이 적기 때문에 바람직하지 못한 사례만 연출할 수 있다. 보다 많은 책을 읽고, 많은 사람들을 만나서 이야기를 하면서 필요한 정보를 습득해야 한다. 다만 무엇이 필요한 정보인지를 모르는 경우가 있다. 이럴 때 친구나 회사에서 이 분야에 뛰어난 직원을 대동해 정보 수집, 활용을 극대화해야 한다. 또한 이들과 정기적인 만남을 가지면서 정보 감각을 유지해야 한다.

>>> **3-2, 4-2, 5-3번** 항목이 제대로 실행되지 않는다면 귀사나 귀하는 변화에 무디며 게으른 것이다. 개인이라면 정신을 바짝 차리고 본인의 습관이나 사고방식을 바꿔야 하며(바꿀 수가 없다면 다른 업무를 해야 한다), 회사에서는 기획 담당, 의사결정자, 사업팀장을 바꿔야 할 시점일 수 있다.

Part 1

솔루션과
제품/서비스는 다르다

껍데기만 솔루션인 것은 필요 없다. 제품/서비스를 묶었다고 솔루션 제품이 되는 것이 아니고 이는 일종의 번들 bundle 제품이다. 비즈니스 솔루션을 한다고 되는 것도 아니라는 것을 잘 알고 있을 것이다. 솔루션은 총괄적인 비즈니스이다. 그러나 어렵게 생각할 필요는 없다. 총괄적인 비즈니스이니 개발, 제공자들이 전문가가 돼야 한다. 기존 조직으로 가능할 것이라는 생각보다 솔루션 내용을 전달하고 협상이 가능한 조직인지를 먼저 생각해야 한다. 음식점에서 주인이 서비스를 강조한다고 서비스가 되는 것은 아니다. 종업원이 서비스 마인드와 성의를 가지고 고객을 대해야 한다는 것은 사업주라면 누구든지 알고 있다. 비즈니스 솔루션이 가능하다고 해 실행해 실패율만 증가시키고 도리어 제품 이미지만 낮추는 경우도 발생하고 있다. 또는 고객의 문제 해결(생산성 증대, 비용 절감이 우선을 해주는 것이 아니라 해결하기 위한 제품/서비스 추가를 권유해 이를 구입 사용하느라 성과보다 구매금액이 더 증가하는 경우가 발생한다.

판매자와 구매자가 정확하게 솔루션의 내용을 이해하고 제안하고 구매하는 것이 시행착오를 줄일 수 있다. 따라서 솔루션 내용을 정확히 확인하고 자사에 어느 정도 도움이 되는지를 확인한 후 도입, 이용해야 한다.

01

비즈니스 솔루션의 정의

　　경영이란 고객의 욕구에 적합한 제품/서비스(가치)를 자기 회사의 제반 자원을 잘 활용해 만들어서 많은 판매와 이익을 높이는 것을 연구하는 학문이라고 할 수 있다. 그런데 최근에는 제품이 다양하고 경쟁 및 유사 제품도 많아 경쟁이 치열한 상태에서 제값을 받지 못하고 파는 경우가 허다하다. 고객들은 다양해지는 제품에 대해 잘 모르는 경우가 대부분이라 적절한 제품을 구입하기 어려울 때도 많다. 특히 요즘처럼 바쁘게 생활하고 시간을 쪼개서 다양한 활동을 하는 현실은 고객이 적절한 구매를 하기에 그리 좋은 여건은 아니다. 그래서 브랜드 제품, 광고 제품, 구매 경험 제품 등을 중심으로 구입하는 구매행태가 대부분이다. 이런 상황에서는 자사 제품의 구매를 증대시키거나 신제품의 구매를 촉진하는 데 더욱 어려움이 있다. 이를 극복해야 시장에서 더욱 성장하는 제품을 만들고 매출과 이익을 계획대로 달성할 수 있다.

즉, 제품 종류와 유사 제품의 범람, 다양하고 많은 제품 정보, 실제 혜택을 가진 제품 파악의 미흡 등으로 자기 여건에 적합한 제품 선택이 점점 힘들어지고 있는 상황이다. 이는 개인뿐 아니라 기업에서도 마찬가지이다. 구매 담당자는 한 가지 제품을 구매하기 위해 있는 것이 아니다. 그들도 여러 가지 제품 구입과 다양한 업무를 수행하면서 바쁜 생활을 하고 있다 보니 회사에 적합한 또는 사용자의 새로운 필요성에 맞는 제품을 찾는 것이 어렵기는 마찬가지이다. 회사일인데다 구매액도 크고 한번 구입하면 몇 년 이상을 사용하기 때문에 구매에 부담이 되는 것도 사실이다. 그래서 구매자의 자격과 역할도 많이 변화되고 있다. 즉, 단순히 가격경쟁을 중심으로 구매하는 방식이 아닌 전체적으로 회사에 미치는 다양한 영향과 이점을 검토해 구매해야 한다. 그래서 구매활동 부서는 단지 돈을 적절히 쓰는 부서가 아니라 적절히 사용해 다양한 가치를 창출하는 부서가 되고 있는 것이다.

예를 들어 내가 자동차를 하나 사고 싶다. 어떤 차를 고르는 것이 좋을까?

디자인, 색상, 운전성, 배기량, 가격, 편안함 등 여러 가지를 생각해볼 수 있을 것이다. 이때 어떤 사람이 와서 차량에 대한 여러 가지 정보를 제공하고 또 협의를 거치게 되면서 어느 차를 구매해야 할지 윤곽을 잡게 될 것이다. 그런데 이후에 생각해보니 그 사항들은 일반적인 조건에서 구입할 수 있는 상황을 이야기한 것이었다. 나는 자금도 조금 부족하고 오랜 시간동안 차를 타야 하는 상황이다. 그렇다면 나는 어떤 차를 구입해야 하는가?

이때 바로 해당 담당자에게 상황을 알리고 그와 진지하게 상의하면 내게 적합한 차를 찾을 수 있을 것이다. 당연히 구입 자금도 보조받고, 특히 중고차로 팔 때 가격을 잘 받을 수 있는 차를 구입할 수 있을 것이다. 이와 같이 해당 담당자는 기존 차량 판매사원이 하던 일(예전 같았으면 돈을 더 마련하고 일반적인 조건에 따라가는 결정)과 달리 차량 구입에 대한 정보, 구입자의 여건에 적합한 구입 조건, 나아가 내가 비용을 절감하고 구매 효과를 높일 수 있는 방법 등 더욱 나의 여건에 맞는 조언과 자문을 해준다. 이러한 방법이 고객 중심의 맞춤 문제 해결형 판매 방법이며 이것을 비즈니스 솔루션이라 한다.

솔루션 판매와 번들 판매는 다른 것이다

솔루션!

기업에서는 '고객이 더 많은 것을 활용하고 또 한꺼번에 구입하면서 비용 절감 및 효과를 높일 수 있는 솔루션 제품이면 매우 좋은 상품'이라며 여러 가지 제품을 묶은 번들bundle 상품을 만들어서 판매한다. 그리고 기존 판매사원에 상품 지식과 구입 장점을 교육시켜 판매활동을 한다.

번들 상품은 기존 판매 방법으로 가능한 일이다. 많은 상품을 저렴하게 판매하는 것이기 때문이다. 간혹 어떤 사람들은 이를 두고 솔루션 상품이라고 이야기한다. 즉, 번들을 곧 솔루션이라고 생각한다. 그렇다면 굳이 번들 상품이라는 단어를 사용하지 않고 솔루션이라는 말을 창출한 이유는 무엇일까?

결론을 말하자면 솔루션과 번들은 다른 것이다. 솔루션은 과자, 사진기, 복사기, 여행 상품, 금형기계 등 단순한 상품을 파는 것이 아니다. 시스템과 혜택을 판매하는 것이므로 영업사원들의 사고방식, 세일즈 도구, 고객관리 방법 등이 매우 다른 것이다. 구매자가 아닌 솔루션의 혜택을 받을 수 있는 동반자이며 협력자이니 이에 적합한 고객관리를 해야 한다.

지금까지는 제품을 생산해 광고로 알리고 영업사원이 제품의 특징을 설명, 배달, 진열, 판촉활동 등을 통해 판매하는 방식의 비즈니스를 해온 것이 일반적이었다.

직원들은 적은 인원으로 성과를 높여야 하는 기업의 특성상 바쁜 와중에 정확한 판단을 해야 한다. 또한 투자에 비해 성과를 높일 수 있는 가치 구매를 추구해야 한다. 이 때문에 확실한 자료와 실증된 내용들이 필요하다. 특히 구매담당자들은 더욱 그렇다. 하지만 일반적인 제품 구입과 달리 실제 개인이나 회사에 적합한 맞춤 구입을 하고자 할 때는 필요한 것을 찾기가 어렵거나 정보가 부족한 경우가 많다. 친구나 동료한테 알아보아도 그리 시원한 답을 얻기가 어렵다. 최근에 이런 상황은 점점 증가해 구매의 어려움이 더욱 커지고 있다.

회사의 경우 기계나 설비를 생산이나 생산성을 위해서 구입하는 것이 대부분이나 가격이 매우 높아서 실제 효용성을 검토하기보다는 경쟁우위나 유지를 위해 구입하는 경우가 많다. 그러나 이런 시대는 지나가고 있다. 기계나 설비도 자기만의 노하우나 자기 회사에 적합하게 운영하려 한다. 이제 성능이 좋은 것은 물론이고 저렴하게 판매하는 것이 당연한 경쟁인 것이다. 하지만 가격경쟁은 판매 회사의 이익만 감소시켜 그리 좋은 방법이 아니다. 달리 새로운 영업 방법이 필요하다.

적합한 솔루션 프로그램과 중간 역할자의 능력

개발 회사가 만든 솔루션 프로그램은 있으나 해당 회사에 적합한 솔루션 프로그램은 거의 없다. 각 회사에 적합한 프로그램이 개발, 제공되는 맞춤식 솔루션이 아니기 때문이다. 대부분 공통된 솔루션이나 충분한 사례를 활용하지 않은 솔루션을 제공해 해당 회사에서 활용도가 낮아 실패하는 경우가 발생한다.

그러므로 고객의 정확한 욕구나 문제점을 우선 파악하는 능력을 갖추고 고객과 대화를 통해 정확한 솔루션을 찾아 제공하고 또 관리해야 한다. 그렇게 하려면 기존 설명과 고객접근 방식으로는 어렵다. 새로운 방법이 도입돼야 하며 기존 사원이 이를 정확히 활용할 수 있도록 능력을 개발해야 한다.

최근에 이러한 문제를 해결하기 위해 여러 가지 사업 방법이 소개되고 있다. 세일즈 솔루션sales solution, 컨설팅 세일즈consulting sales, 그리고 제안영업 등이 그것이다.

이러한 영업활동의 핵심 요점은 단순히 제품 소개, 납품이 아닌 제품 가치를 극대화시켜서 고객이 제대로 활용할 수 있게 하는 것이다. 이 방법을 제대로 이용하면 많은 성과를 얻을 수 있다. 최근에는 이 기법의 장점 활용이 확대돼 어느 비즈니스에나 고객문제 해결 방법을 다양하게 제공하면 더욱 성과를 높일 수 있다.

다만 기업에서 개발한 제품/서비스만 가지고는 새로운 고객욕구를 해결해주거나 만족도를 높이는 데 한계가 나타나고 있어 이를 해결할 중간 역할자가 필요하다. 그 담당자로는 해당 영업사원밖에 없는 것 같다. 개인 기업은 사장이 그 역할을 해야 한다. 그러나 기존의 역할만으로는 어렵고 고객욕구 해결을 위한 새로운 영업 방법 즉, 고객응대 기술과 방법이 달라져야 한다. 기존의 제품 설명과 판매 방법으로는 안 되며 제품의 효과, 활용 극대화를 위한 방법을 제시해야 하는 것이다. 이와 같은 고객문제 해결 방식은 각 개인별로는 사용의 의미를 넘어서 어떤 혜택(비용 절감, 비용 대비 효과, 다른 만족감 등)을 얻을 수 있는지를, 기업에게는 생산성, 투자 대비 성과, 비용 절감, 투자비용의 부담 감소 등을 새롭게 제시해야 한다. 이처럼 많은 경영 지식과 기획 마인드, 응대 방법들이 필요하므로 이를 갖추려면 매우 고통스러운 변신이 될 것이다.

특히 '현재 방법대로 해도 큰 지장 없이 영업활동을 하고 있는데 굳이 새롭게 시도할 필요가 있는가?'라는 생각이 들 수도 있다. 바로 여기에 어려움이 있기 때문에 영업사원들이 혼란을 겪고 있는 것이다. 아직 예전 방식의 구매패턴을 가지고 있는 고객들은 그대로 존재한다. 그러나 시장의 변화는 시대의 흐름이기 때문에 사업, 영업을 하려면 변화에 맞는 시도를 해야 한다. 이러한 변신은 앞으로 시장 변화에 적응하는 새로운 비즈니스맨으로 탄생해 많은 사업 기회를 가질 수 있는 계기가 될 것이다. 개인 사업을 해도 마찬가지이다.

따라서 회사는 지금부터 혁신의 마음으로 5년, 10년 후를 바라보고 영업사원의 변신을 지원해야 한다. 제대로 활동할 수 있게 영업사원 자신의 자기개발, 회사의 제도와 지원체계, 그리고 의사결정자의 생각의 변화 등 혁신적인 관리를 해야 한다.

표 1_ 매출액 상위 고속도로 휴게소

순위	2009년	2010년 상반기(1~6월)
1	행담도(서해안 · 289억 원)	덕평(영동 · 151억 원)
2	여주(영동下 · 260억 원)	행담도(서해안 · 124억 원)
3	덕평(영동 · 225억 원)	여주(영동下 · 121억 원)
4	화성(서해안下 · 194억 원)	화성(서해안下 · 92억 원)
5	천안(경부上 · 170억 원)	천안(경부上 · 87억 원)
6	안성(경부下 · 161억 원)	안성(경부下 · 82억 원)
7	화성(서해안上 · 155억 원)	기흥(경부下 · 76억 원)
8	기흥(경부下 · 153억 원)	칠곡(경부上 · 72억 원)
9	문막(영동下 · 146억 원)	화성(서해안上 · 69억 원)
10	여주(영동上 · 140억 원)	여주(영동上 · 68억 원)

※ 괄호 안은 고속도로 매출액   자료: 한국도로공사

성공한 솔루션 사례

영동고속도로에는 덕평자연휴게소가 있다. 여기에 들어서면 원목과 유리로 지은 건물이 보인다. 삼각형 모양 건물 안쪽에는 실개천과 연못이 딸린 넓은 정원이 펼쳐진다. 연못 주변엔 나무 데크로 산책로가 있다. 소나무 · 자작나무 · 자귀나무 등나무와 꽃나무가 조성돼 있어 유원지라 해도 손색이 없다. 회색 주차장과 일자형 건물만 있는 다른 휴게소와는 분위기부터 다르다.

깔끔한 건물과 넓은 정원, 인공폭포 등은 고급 휴양지에 온 것 같은 느낌을 준다. 그냥 잠깐 들르는 곳이 아니라 마음을 편안하게 해주는 쾌적한 휴게 공간인 셈이다. 화장실도 인상적이다. 화장실 한가운데에는 자연 채광에 자작나무 · 관중 등으로 꾸민 정원이 있다. 이 화장실은 2007년 '아름다운 화장실 대상(大賞)'을 받기도 했다. 그만큼 화장실 청결에 공을 들이고 있다.

덕평자연휴게소가 2010년 상반기(1~6월) 휴게소 매출 1위에 오른 것은 그만큼 찾는 사람이 많다는 뜻이다. 보통 평일에는 2만 명, 주말에는 4만 명 정도가 찾는다고 한다.

휴게소 안에 위치한 매장 중에는 자체 브랜드 매출 순위에서 전국 1위를 기록하는 곳도 한둘이 아니다. 골프웨어 '팬텀'은 전국 매장 중에서 1위를 기록 중이고, 폴햄·블랙야크 등도 전국 10위 안에 들고 있다. 편의점인 세븐일레븐 매장도 전국 2,000여 개 매장 중 5위권으로, 월 매출 전국 1위를 한 적도 있다. 덕평자연휴게소는 편안한 쉼을 위해 고객이 필요로 하는 모든 것을 제공하고 있다.

몇 달 전에는 남자화장실에 소변을 정확히 보게 하는 게임 장치를 설치했다. 고객들은 게임을 즐길 수 있고, 소변이 변기 밖으로 튀는 것을 방지해 청결함도 유지할 수 있다. 덕평자연휴게소에서 고객에게 또 다른 즐거움을 제공하고 있는 것이다.

02

매출/이익을 증가시키는 **사업 솔루션**

2000년대 중반 이후 많은 기업들의 매출 증대가 어렵고 영업팀의 실적이 좋지 않은 것으로 나타나고 있다. 이러한 현상은 특히 최근에 더욱 심해지고 있는 것 같다. 이는 시장이 변하고 있는데 대부분의 회사가 과거 방식의 사업 방법을 그대로 사용해서 발생하는 경우이거나, 변하긴 하였으나 정확한 변신이 되지 않아 나타나는 것이다.

고객의 환경과 욕구가 변해 상품, 서비스, 대화 방법과 내용, 처리 방법 등이 바뀌어가고 있는데 이에 적절히 대응하지 못하고 있는 것이다. 이 때문에 작게는 조그마한 음식점과 구멍가게에서부터 크게는 대형 회사까지 적자에 허덕이고 있다.

이를 타개하기 위해서는 매우 정확한 분석과 해결을 위한 다양한 방법을 활용해야 한다. 여기서 가장 중요하게 대두되는 것이 고객의 어려운 점을 해결해주는 사업 솔루션이다.

이제 그 방법을 제시할 것이다. 잘 이해하면 활용도가 매우 높아 성과 증대에 도움이 될 것이다.

다음은 잭 웰치(전 GE 회장)가 회장 시절에 경험한 사항을 이야기한 것이다. 그는 그 당시 고민을 다음과 같이 써 놓았다.

- 우리 회사 제품의 시장점유율은 높으나 왜 이익이 낮은가?
- 우리 조직이 제품을 밀어내고 있는가, 또는 고객의 문제 해결을 지원하고 있는가?
- 우리 회사의 경영활동을 제조에서부터 서비스와 지식에 기초한 활동으로 바꿔야만 하는가?
- 우리의 조직을 미래의 고이익 활동으로 전환할 수 있는 방법이 있는가?

이를 해결하기 위해 그는 지난 두 달 동안 자기가 만난 기계 회사의 영업사원 3명에 대해 다음과 같이 이야기했다.

"첫 번째 영업사원은 부드럽고 친절하고 프로다웠으며 회사 제품의 기술적 명세와 특징을 잘 알아서 자기 회사의 제품이 왜 좋은지를 계속 설명했다. 물론 그가 옳다. 그러나 모든 회사는 좋은 제품을 만들고 있다. 그의 주장은 원 스톱 구매가 가능하다는 것이었다. 그것은 괜찮은 개념이지만 나에게는 그리 좋은 것이 아니다. 10여 개 일용품을 취급하는 업체가 나에게 주는 이점은 무엇인가?

두 번째 영업사원 역시 기술에 관해서 많이 알고 있었다. 자기 제품에 열정을 가지고 있었고 새로 개발 중인 새로운 부가가치 프로그램에 관해서도 이야기했다. 그리고 그것이 나에게 이익을 가져다 줄 것이라고 말했다.

세 번째 영업사원은 제품에 관해서 아무것도 얘기하지 않았다. 단지 '얼마의 자본을 설비에 묶어 놓아야 하는가?' '이 현장에서 발생하는 생산수율의 손실은 어느 정도인가?' '트럭과 물류 운영에 얼마의 자금을 묶어 놓았는가?' 등의 질문을 했다.

우리는 진지하게 대화를 나누었다. 과연 어떤 영업사원이 계약에 성공할 수 있을까? 2주일 후 한 영업사원이 다시 찾아와 나의 자본 집중도와 자본비용을 줄일 수 있는 방안을 제시했다. 우리 회사의 창고 면적을 얼마나 줄일 수 있는지도 알려줬다. 결론은 회사의 운영비용을 많이 절약해준다는 것이었다. 우리 회사에 납품하는 기회를 따낸 그는 세 번째 영업사원이었다."

위의 각 영업사원의 특징을 분석, 비교해보면 세 번째 영업사원이 계약에 성공한 이유를 알 수 있다.

첫 번째 영업사원의 말을 분석해보자. 여러 가지 제품을 취급하고 있는 것은 일시에 필요한 제품 공급이 가능하다는 것이다. 고객에게 필요한 제품을 공급할 수 있는 것은 근본적으로 다양한 제품을 신속하게 제공해 고객의 문제를 해결할 수 있는 방법을 제시하는 것이다. 그러나 고객이 원하는 비용 절감, 생산성 향상 등에는 공헌도가 낮다.

두 번째 사원은 새로운 프로그램이 개발되고 있으니 자기와 거래하면 반드시 이익이 될 것이라고 얘기했다. 그러나 아직 그 프로그램에 대한 효과는 정확하게 확인된 것이 없다.

위 두 사원의 이야기는 기존 제품의 특징을 그대로 활용하는 내용이라서 제품 선택의 폭, 납품 시기의 적합성, 또는 좀 더 정확한 거래 방법 등 고객이 실제로 필요한 내용에 대한 제안은 없다. 즉, '제품 구입 후 구입비의 회수는 언제 될 수 있는가? 생산성은 얼마나 증대되나? 초기 구입비용 부담은 얼마나 해소가 되는가?' 등 실제 회사에 혜택이 되는 것을 제공하지 못한 것이다.

그래서 자본 투자비의 효율성, 공장 현장에서의 생산성, 물류비 등 회사의 운영비용 절감에 대한 제안을 한 영업사원이 납품을 할 수 있게 된 것이다.

판매 솔루션은 대부분 시장경쟁이 치열하고 시장이 포화 상태로 접어들 때 나타나는 것이다. 이때 실제 고객욕구의 변화도 감지된다면 당연히 필요한 사업 방법이 된다. 또 시장 변화보다 고객에게 더 만족할 만한 제품/서비스를 제공하고자 하는 기업에서 실행하는 사업 방법이다.

최근에는 이 두 가지 방법의 장점과 기회를 활용해 사업자가 판매를 증가시키고 이익도 보다 많이 실현하며 고객만족도를 높이는 방법으로 활용하고 있다. 이 방법은 또 다른 새로운 시장을 개척하는 요인으로도 작용해 최근에는 더욱 많은 분야에서 도입되고 있다.

03
####

비즈니스 솔루션에 대한 **오해**

솔루션과 제품/서비스의 차이

솔루션은 앞에서 말했듯이 단순히 현 제품/서비스에 다른 것을 묶어서 팔거나 저렴하게 팔거나 또는 섞어서 파는 방법이 아니다. 고객에게 필요한 것이 무엇인지 파악하고 이에 적합한 것을 제공하는 것이다. 그때 고객이 원하는 욕구에 적합하게 제품을 섞어서 판다면(이때 꼭 자기 회사 제품만을 파는 것이 아니라 다른 회사 제품도 적합하게 결합해 고객에게 판매하는 것이다) 하나의 문제 해결 방법이 된다. 따라서 솔루션은 현재 판매 방법과 다른 상위 수준의 마케팅 방법이다.

솔루션을 한 마디로 정의하면 '고객의 가치를 발견 또는 재검토한 후 이에 적합한 제품/서비스를 개발하거나 기존 내용을 효과적으로 가공해 욕구나 문제점을 해결함으로써 고객이 얻을 수 있는 실제적인 성과를 높이는 것'이라고 말할 수 있다.

- 고객의 가치란 단순한 고객욕구가 고객 상황에 대한 종합적인 분석을 통해 새로이 정립된 제공 제품/서비스를 말한다.
- 욕구와 문제점 해결이란 고객가치에 적합한 제품/서비스를 새로이 개발 또는 기존 제공 가치들을 조합 및 추가해 고객의 성과를 저해하거나 비용 부담을 높이는 요인을 해소하는 것이다.

예전의 고객 관심사는 주로 해당 제품/서비스 사용을 통해서 얻어지는 효용이었으나 최근 고객 관심사는 최종적인 성과(생산성 향상, 비용절감, 업무 절차 단순화 또는 편리성, 기쁨 등)로 이전하고 있다. 따라서 단일 제품/서비스만으로는 고객욕구를 충족시키기에 곤란하다. 고객의 문제점을 제대로 해결하기 위해서는 새로운 제품/서비스 개념을 정립하고 제품/서비스 및 부가적 요인을 효과적으로 결합해서 제공하는 것이 필수다.

그리고 고객문제 해결을 위해서는 자기 제품의 소개가 우선이지만 만약 이것이 어려우면 즉, 고객의 만족도가 낮다면(제품 성능과 전체 만족도를 증대시키는 것은 어려운 경우가 많다) 다른 제품 또는 경쟁 제품도 같이 결합해 욕구에 적합한 제품(군)을 만들어 새로운 성과를 높여야 한다는 기본 정신을 잊지 말아야 한다.

솔루션의 궁극적인 목표는 고객의 최종적인 가치만족도 증대 및 성과 향상이다.

여기에서 성과란 기업 고객에게는 비용 절감, 수익 증대, 위험부담 감소, 생산성 증대 등을 의미하고, 개인 고객에게는 제품/서비스를 통해 실현할 수 있는 편의성, 즐거움, 쾌적함·안락함 등을 의미한다.

제품/서비스는 기능과 효과를 단편적으로 제시하면 되지만 솔루션은 복합적인 방법론이 필요하다. 제품/서비스는 일반적으로 모든 고객을 대상으로 만들어졌다. 하지만 시장은 점점 세분화돼 같은 업종이더라도 욕구가 서로 다르게 나타나 마치 특정 고객 중심의 제품과 서비스가 필요한 것과 같다. 제품/서비스의 가치 증대는 해당 특정 욕구의 범위 내에서 개선된 제품/서비스가 개발돼 편리성, 활용성, 기능성 등을 좀 더 높일 때 가능하다. 그러나 솔루션은 욕구 범위가 비용, 위험, 수익, 능률, 성과 등의 개선에까지 확대되고 있다.

표 2_ 제품 중심 사업과 솔루션 중심 사업의 가치 변화

	제품 중심 사업	솔루션 중심 사업
가치 고객	거의 모든 고객	세분시장 중심
가치 제안	개선된 제품/서비스	고객의 비용, 위험 감수·수익 향상 솔루션
가치 네트워크 연구 개발	신기술 중심 독자적 제품 지향 폐쇄적 제품	고객문제 해결 중심 모듈화된 제품 지향 공개된 산업 표준 제품
운영	내부 제조 제한된 공급망, 복잡성	최고의 공급자 파트너 독립 파트너들 간의 긴밀한 협조
서비스	비용 중심적 제품에 무상으로 추가	이익 중심적 제품과 독립된 수익성
마케팅	원가계산법에 의한 가격 책정 제품 판매 수주 중심 영업 인력 지역 기준 상권 보장 수량 기준 수수료	가치 기반 가격전략 다층적 서비스 수준 계약 산업 전문가 수준 판매 서비스에 기초한 커미션 제공
유통	다양한 채널을 통한 판매	부가가치 판매업자 지향

출처: 니르말야 쿠마르 지음, 김상욱·전광호 옮김, 《CEO에서 사원까지 마케팅에 집중하라》, 김영사, 2006.

또한 솔루션은 서비스의 비중이 높아서 다른 솔루션과 비교하기가 어렵기 때문에 차별화가 가능하다. 솔루션은 제품과 서비스의 결합이 필요하므로 판매 가격이 높아져 매출 증대에 효과가 크다. 단순한 상품이 아닌 솔루션을 제공한 기업들의 성과가 뛰어난 것은 당연한 일이다.

솔루션은 각각의 고객에게 맞추는 노력이 필요하므로 가격 비교가 어렵다. 가격 결정도 제품/서비스는 일물일가(하나의 제품 가격은 하나이다)이지만 솔루션은 다양한 내용에 따른 다물다가(다양한 프로그램, 제품마다 다양한 가격이 책정돼 있다) 정책이다.

따라서 비즈니스 솔루션을 시행하는 기업은 고객 분석 및 솔루션 개발, 솔루션 안내에 대해 전문적인 능력을 갖춰야 한다. 또한 고객을 분석하는 틀부터 바꿔야 한다.

제품/서비스는 현 영업사원을 통해 판매가 가능하지만 솔루션은 전문 영업이라서 현 영업사원의 능력과 사고방식으로는 어렵다. 영업사원이 변신을 하든지 아니면 전혀 다른 영업사원이 필요하다. 이와 같은 사항들을 간과하면 실제 현장에서 많은 실수를 하게 돼 실패율을 높일 가능성이 크다. 사실 가장 큰 문제는 새로운 제도와 방법이 도입되는 상황을 기존 방법대로 시행하려고 하는 것이다. 이를 잘 모르기 때문인지 아니면 예산과 시간의 문제인지 그 원인에 대한 혁신적인 검토가 필요하다.

IBM 회사의 경우, 영업팀을 정기적으로 교육하고 새로운 정보도 지속적으로 제공하면서 고객 서비스를 극대화해 솔루션 영업팀의 능력을 최상으로 유지하고 있다.

제품/서비스의 판매담당은 영업사원이라고 부르지만 솔루션 판매담당은 해당 회사의 비용 절감 및 생산성 향상 방법을 가르쳐주는 일을 해 컨설턴트라고 한다.

가치 변화에 적합한 솔루션

예전에는 피자를 점포에 직접 가서 먹었는데 요즘은 배달이 가능해 먹기가 더욱 편리해졌다. 이처럼 배달 방법이 도입되면서 구매 횟수가 증가했다면 고객의 가치가 변한 것이다. 이를 가치 이동이라 한다. 기존에는 원두커피를 갈거나 원두 가루를 이용해 커피를 먹었는데 이제는 커피를 고압으로 응축해 만들어 새로운 맛의 커피를 제공했다면 이를 수요창출이라 한다.

매출 증대 및 시장을 선도하는 방법으로는 가치 이동과 수요혁신 두 가지 방법이 있다.

가치 이동이란 고객에게 새로운 가치를 개발, 제공하는 것을 말하며 수요혁신이란 기존 사용하던 제품/서비스 또는 새로 개발되는 제품/서비스를 더 효용성 있게 확대 사용하는 방법을 제공하는 것을 말한다. 수요혁신은 가치의 이동이라기보다는 시장의 영역을 확장해 새로운 성장을 창출하는 것이다. 즉, 자기 회사 제품의 혁신보다는 새로운 사용 방법을 찾아내어 고객의 수요를 증대시킨다.

커피 사업에서 고객에게 맛있는 고급 커피를 제공할 수 있게 된 것을 수요창출이라고 한다. 커피숍에 가서 회의도 하고 잠도 자고 인터넷도 하는 등 새로운 점포문화가 창출돼 고객의 이용률이 증가했다면 이는 고객이 편리하게 이용할 수 있도록 한 가치 이동이다. 여기에 새로운 커피 맛을 제공하였으니 수요혁신까지 창출하게 됐다. 이 점포가 인기가 없으면 이상한 것이다. 이 점포가 바로 에스프레소 커피 전문점이었는데, 이를 창안해 처음 사업을 시도해 새로운 커피숍 문화를 제공한 것이 스타벅스였다. 스타벅스는 지금도 해당 가치를 변함없이 제공하고 있어 인기를 누리고 있다. 이 커피점의 장점을 보고 배워 개업하는 사람들이 많다. 그러나 정확한 성공 포인트를 깊이 있게 알아야 한다. 이제 분위기나 커피맛 등 단편적인 검토 방법은 바뀌어야 한다.

복사기 회사는 판매 금액이 비싸기 때문에 고객들의 그 부담을 줄여주기 위해 렌털이라는 제도를 도입했다(가치 이동). 그런데 고장, 수리 등 사용이 불편해 실제 불만이 발생하자 전담제나 신속한 A/S체계를 구축해 고객만족도를 증대시켰다(수요혁신). 이 두 가지 방법을 동시에 실현한 것이다.

위 두 가지 방법은 커다란 의미에서 새로운 가치를 제공하는 것으로 이야기할 수 있다. 그러나 가치 이동은 신제품 또는 새로운 방법의 제품/서비스를 제공하는 것이고 수요혁신은 신 서비스와 제품이 아니더라도 새로운 사용 방법이나 효과, 효율성을 제공해 매출 및 만족도를 증대시키는 것을 말한다.

따라서 고객의 새로운 욕구에 맞추고, 고객의 복잡한 일을 줄여주며, 더 좋은 결정을 내리게 해주고, 제품을 시장에 더 빨리 내놓을 수 있게 도와주면 매출 증대와 시장 확대 기회가 오기 마련이다.

이 두 가지 방법은 한 가지 공통점을 가지고 있다. 대부분의 전문가와 비즈니스 리더들이 성장하기 힘들 것이라고 여겼던 기업들이 이 방법들을 활용해 신 시장창출 또는 틈새시장에서 인상적인 신규 매출과 이윤의 성장을 이뤄냈다는 점이다. 이렇게 성장한 기업과 점포 그리고 상품은 계속 증가하고 있다(클럽메드, 더페이스샵, 스타벅스, CGV, 중저가 항공사, K-5, BB크림, 김밥, 커피믹스, 햄버거 등). 고객들이 자신의 문제를 해결하고 전반적인 능력을 고취할 수 있도록 하는 데 초점을 맞춘 것이다. 그 결과 새로운 가치를 창출하고 매출과 이윤에 있어서 새로운 성장을 이뤄냈다.

이들은 남들이 수익을 내지 못하는 곳에서 기회를 발견하는 재주를 가졌는데 사용하는 구체적인 사업 전략 또한 전혀 다르다. 고객가치의 변화를 정확히 확인하고 이에 적합한 솔루션을 제공하고 있는 것이다.

그렇다면 이러한 솔루션이 왜 향후 비즈니스의 핵심 요인으로 부상하고 있는 것일까?

첫째, 유사 제품과 경쟁해 경쟁력을 확보해야 하기 때문이다. 지금은 상품이 다양하고 풍부해 공급 과잉 경제로 전환되고 있다. 기술의 발달로 모방이 가능해 많은 유사 제품들이 출시되자 경쟁이 치열해지고 그 결과로 가격경쟁이 유발되는 현상이 나타나는 것이다. 따라서 가격이 아닌 실제 제품/서비스의 가치로 경쟁을 해야 하며, 이에 대한 고객가치의 정확한 분석과 전달을 통해 비교우위를 구축해야 한다. 이 방법은 그리 어려운 것이 아니며 방법론의 차이이다.

둘째, 현 제품/서비스와 판매 방법으로는 해결하기 어려운 것이 많아 새로운 방법이 필요하다. 제품/서비스의 다양화·복잡성, 그리고 정보 취득의 용이성 등으로 소비자들이 계속 까다로워지면서 기존의 제품/서비스 또는 판매 방법으로는 해결하기 어려운 문제가 다수 발생하고 있다. 고객의 욕구가 다양해지고 변화가 많은 만큼 이에 대한 정확한 가치를 제공해야 한다. 또한 광고, 가격 제시, 제품 전달, 판촉활동 등으로 해결할 수 없는 상황이 다양하게 발생하고 있어 새로운 판매 방법이 필요하다.

셋째, 기술 개발을 위한 자금과 기간이 많이 소요되므로 다른 경쟁 방법을 확보해야 한다. 급속한 환경 변화에 따라 고객의 욕구와 만족도가 수시로 변하기 때문에 이를 충족시키기 위해 많은 연구 개발 비용과 시간이 필요한 기술혁신만으로는 대응이 곤란해지고 있다. 항상 신기술 제품만 제공하면서 매출 증대를 달성하는 것이 매우 어려운 사항이 된 것이다. 연구 개발도 필요하지만 신제품을 출시해도 모방이 빠르기 때문에 연구 개발비의 투자 회수가 안 되는 경우도 발생하고 있다. 따라서 고객욕구에 적합한 사업 방법을 제시해 고객만족을 증대시키는 것이 필요하다.

종합적으로 볼 때 풍부한 상품, 치열한 경쟁, 고객욕구의 증대와 다양성, 기술 개발의 어려움과 많은 투자비 등으로 이제는 단일 제품/서비스만으로는 차별성을 확보하는 데 한계가 발생하고 있다. 또한 새로운 기술의 출현도 크게 기대하기 어려워지고 있다. 이러한 상황에서 고객과의 강력한 관계 형성을 바탕으로 비즈니스 모델을 혁신하는 솔루션의 도입이 경쟁우위 확보 및 고객만족을 증대시키는 돌파구로 부상하고 있는 것이다.

최근 가치의 변화에 민감하게 반응해 성공한 편의점의 전략은 고객을 편리하게 해야 한다는 것이다. 그래서 찾기 쉬운 장소에 있고 아무때나 구매할 수 있다. 제품 자체도 편리함을 제공한다. 최근 상품 변화가 많은 것 중에 하나는 먹기 편리한 삼각김밥이다. 들고 다니면서도

표 3_ 기업이 제공하는 가치(예)

UPS

구분	주요 제공 가치
목표	안전하게 정확한 시간에 배달
배달 개념	배송자→서비스 제공자
방법	화물 위치파악시스템 설치 신 포장기법 고객에게 공개
안심시스템	고객운임 환불제 100달러 이하 즉시 변상
노하우 활용	현장 근무가 반드시 필요 고객 최접점 근무자 중요 담당 구역을 교체 불가
고객관리방침	불만고객을 만족 시켰을 때 절대고객이 된다. 소비자 행동: 한 명이 주위 5명에게 자랑을 하지만 불만 고객은 10명에게 말한다. 특히 13%의 불만 고객은 20명에게 말한다.

제록스

구분	주요 제공 가치
고객만족	24시간 서비스 직원 상주 근무 1대에 1명 엔지니어 배치 수리 불능 시 교체 내부 우수 사례 벤치마킹
사원 훈련	서비스 직접 Role—Playing 시범 고객만족 벤치마킹

스칸디나비아 항공

구분	주요 제공 가치
목표	세계 최초로 고객만족을 증명해보인다. 고객과 만나는 짧은 시간 동안 고객을 만족시킨다. 고객 1인당 최고로 돈을 많이 벌어야 한다.
경영 방침	출발시간은 고객 개개인에 대한 배려가 기본이다. 고객관리는 항공권 구매 순간부터 시작된다. 전문화 비즈니스맨을 위한 항공사가 돼야 한다. 고객욕구의 정확한 파악은 돈의 배분에 영향을 미친다.
고객만족 방법	기내식을 가지고 갈 수 있게 한다. 주어진 시간에 고객에게 최선을 다한다. 골드회원에게 테마여행을 무료로 제공한다. 콘서트 문화행사 티켓도 중요하다.

먹을 수 있고 과자와 달리 끼니로 가능하다. 그래서 1년에 몇 백만 개는 팔린다. 물론 컵라면 같은 편의식도 많이 판매된다. 최근 1~2년 전부터 인기 상품은 도시락인데 성장률이 몇십 퍼센트이다. 2010년에 편의점 업계 전체가 약 1억 개의 도시락을 판매했다고 한다. 편의점은 상품구성과 제공 서비스의 변화로 항상 고객을 앞서 가고 있다.

오토바이(할리데이비슨), 도넛(크리스피 크림 도넛), 통팥빵(케이크하우스 윈), 샴푸(댕기머리) 등도 좋은 예이다. 특히 댕기머리 샴푸는 한방 성분을 강조해 후발주자이면서 중소기업이지만 시장에서 확실한 시장 위치를 점유하고 있다. 이를 중심으로 두피 샴푸, 푸석한 머리, 잘 빠지는 머리에 적합한 전용 샴푸를 출시해 시장 내에서 확실한 이미지를 구축했다. 덕평자연휴게소, 버터핑거팬케이크, 틴타이펑 등은 고객 가치 변화와 수요혁신에 잘 대응한 또 다른 사례다.

IBM의 컴퓨터 솔루션, 싱가포르 항공의 서비스 방법, 기아자동차의 K-시리즈를 보자. 다른 것은 실제 사용을 하지 않아서 잘 모르지만 기아자동차 K-시리즈의 차체 디자인은 확실히 다른 자동차와 다르다. 한마디로 세련됐다. 기아자동차는 이것을 정확히 고객에게 전달해 판매 증가율이 기존 연도와 비교해서 크게 높아졌다.

'디자인이 다른 차 K-시리즈'의 사업 방법과 함께 옥션, 사우스웨스트 항공, 델 컴퓨터, 싸이월드 등을 좀 더 깊이 있게 연구해보라. 유사 경쟁 제품이나 사업과 어떤 것이 다른가를 확인할 수 있다.

표 4는 소비재, 산업재, 서비스 상품, 점포 판매 상품 등 다양한 상품에 대한 고객의 욕구 변천 과정을 검토해본 것이다. 빵집의 경우 맛은 필수이고 분위기가 좋아야 하며 음료, 특히 커피를 같이 판매해야 고객

사진 1, 2, 3– 덕평자연휴게소 전경, 사진 4– 버터핑거팬케이크 점포 앞
사진 5– 버터핑거팬케이크 상품, 사진 6– 틴타이펑 점포 앞
사진 7– 틴타이펑 상품

표 4_ 고객의 욕구와 가치 변화(예)

제품/서비스	점검 사항	초창기	성장기	성숙기 초반	성숙기 후반	최근
빵 (프랜차이즈 점포)	고객욕구	먹을 것 필요	다양한 빵	맛	품질, 분위기	맛과 대화 장소
	제공 가치	빵이면 된다	빵의 종류	맛, 품질	맛, 분위기	맛, 분위기, 음료
	영업사원 역할	제품 소개	신제품 소개	맛과 품질 차별성 강조		점포이익 관리
	회사 역할	적시 생산	영업사원 매출 극대화, 양성		점포관리 컨설턴트 양성	
복사기	고객욕구	업무 편리성	다양한 편리성	구매 금액 부담	사무처리 신속성	
	제공 가치	복사 기능	복합 기능	임대 방식	임대, A/S신속성	
	영업사원 역할	제품 설치	제품 다양성 강조	저렴한 비용 강조	업무 처리 애로사항 해결	
	회사 역할	적시 공급	프로 세일즈맨 양성		솔루션 세일즈맨 양성	
유통점 상대 소비재	고객욕구	간편 구입	쾌적한 구매	일괄, 저렴한 구매		필요 구매
	제공 가치	구멍가게	백화점, 슈퍼마켓	할인점		전문점
	영업사원 역할	제품 소개, 배달		가격 할인, 판촉활동		점포이익 관리
	회사 역할	적시 생산	프로 세일즈맨 양성			점포 컨설턴트 양성
선반기계	고객욕구	제품 필요	생산성 추구	기술과 A/S	이익 공헌과 A/S 신속성	
	제공 가치	주문, 배달	가격 저렴	정밀성, 내구성, A/S	투자수익성	
	영업사원 역할	제품 소개	성능 대비 가격	작동 시범, A/S신속성	솔루션 세일즈맨	
	회사 역할	적시 생산	제품 특징, 가격정책, A/S지원		솔루션 세일즈맨 양성	
귀사 제품/서비스	고객욕구	기본 욕구	변화되는 욕구 및 선호도			최근 욕구
	제공 가치	기본 제공 사항	제공 사항의 변화 내용과 추가 제공 사항			최근 제공 사항
	영업사원 역할	원래의 기능	필요한 영업사원의 역할과 기능			최근의 특징
	변신 가능성	기능의 충실도	변화 범위 정립과 실제 변화 정도			실제의 필요 기능
	회사 역할	제품 품질 충실도	영업사원 양성과 고품질, A/S제도 준비 정도			새로운 영업 방법

이 찾아간다. 선반기계의 경우 구입한 금액 대비 수익성(고장이 적고, 내수성이 있으며 A/S도 신속해서 운영을 극대화해야 한다)이 높다는 수치를 제공해야 경쟁력을 갖출 수 있다. 표 4는 최근의 솔루션 사업을 위해 각 상품 제조, 판매자가 제공해야 하는 역할을 정리한 것이다. 맨 아래 마지막 칸에 있는 '귀사 제품/서비스'에서 '최근'에 해당되는 칸에 실제 귀사의 내용을 적어보면서 앞으로 제공할 솔루션 내용을 확인해보자.

앞으로 귀사가 제공할 솔루션 내용을 확인할 때, 좀 더 깊이 생각해서 지금 제공하고 있는 내용이 미흡하다고 판단되면 보완을 통해 더욱 높은 매출과 이익을 달성할 수 있을 것이다. 그러나 만약 제대로 하고 있는데 성과가 없으면 전달 방법에 문제가 있는 것이므로 영업사원들의 재교육 또는 이들의 행동과 고객 상담을 통해 점검하고 개선해야 할 것이다.

이 내용과 앞의 사례를 통해 얻어진 결과를 종합해보면 문제 해결을 위해 해야 할 일을 확인할 수 있다. 이를 정리해보면 1~3항은 소비재의 고객욕구 문제 해결 방법이며, 8~11항은 산업재의 고객욕구 문제 해결 방법이 될 수 있다. 4~7항은 정도의 차이는 있지만 소비재와 산업재에 공통적으로 해당되는 문제 해결 방법이다.

① 멋있고 편리한 장소

② 제품의 기본 본질 이외의 다른 것 제공

③ 고객의 좋은 감성 증대를 위한 여건 조성

④ 업무 처리의 시간과 비용 절감

⑤ 생산성 증대

⑥ 업무 단계의 축소

워크시트 1_ 각 재화별 문제 해결(솔루션) 점검

점포에서 제공하는 가치

구분	주요 내용	제공할 가치	귀사가 제공하는 솔루션	차이와 대처방안
구매 전	입구 분위기 제품/서비스가치 브랜드인지도 교통편리성			
구매 시	가격 주문시간 종업원 설명 메뉴 소개 친절성 제품종류			
사용 시	맛의 느낌 분위기 의자의 안락감 친절성 제품특징 기타			

소비재

구분	주요 내용	제공할 가치	귀사가 제공하는 솔루션	차이와 대처방안
구매 전	브랜드 점포이미지 제품특징 제품종류 접근편리성			
구매 시	가격 구매연관성 제공가치 제품설명 고객대우 점포분위기			
사용 시	사용 느낌 가치적합성 고장율 수리비용 A/S만족도 폐기용이성 폐기비용 만족도 점검 기타			

산업재

구분	주요 내용	제공할 가치	귀사가 제공하는 솔루션	차이와 대처방안
구매 시	가격 배송 처리기간 제안내용 관련서류 자금지원조건			
사용 시	생산성 고장율 부품조달용이성 부품비용 교육훈련비 업무처리단계 폐기용이성 폐기비용 감가상각비 보험료 만족도 점검			

⑦ 구입비용의 절감

⑧ 고장률 감소

⑨ 신속하고 정확한 A/S

⑩ 사용 연수 증대

⑪ 자금 부족 해결 지원 등을 통한 만족도 증대

이를 활용할 수 있는 표(예)를 만들어 실제 귀하의 사업에 적용해서 작성해보자.

Part 2

비즈니스 솔루션
개발 방향과 주요 내용

재공할 솔루션 내용을 알아야 비즈니스를 할 수 있을 것이다. 대부분 이 단계를 간과하거나 알고 있더라도 바쁘기 때문에 소홀히 여기는 경우가 많다.

이 단계는 고객에게 과연 솔루션 제공이 필요한가, 고객은 솔루션 방법을 필요로 하고 있는가, 필요하다면 어떤 솔루션 방법이 필요한가를 확인하는 단계이다.

우선 솔루션 방법이 필요한 것인가? 서로 무엇이 필요한 방법과 내용인지 파악이 안 되는 경우도 많고 실제 고객의 문제 해결을 위한 방법을 제공하면서 이것이 솔루션 방법인지 모르는 경우도 있다. 여기서는 고객을 처음 대하는 초기 상태로 돌아가 고객이 무엇을 원하는지 파악하는 것이다. 이를 구체적으로 확인하려면 고객이 필요로 하는 욕구, 즉 가치Value를 파악해야 한다. 고객가치는 무엇이며 최근에는 어떻게 변하고 있는지 확인하려면 이번 단계를 정확히 이해해야 한다.

다음은 고객이 이야기하기 전에 변화사항들을 확인해 미리 솔루션 방법을 제공하는 것이다. 이를 제대로 제공하면 고객에게 더욱 신뢰를 받을 수 있다.

그렇다면 고객에게 어떤 솔루션 방법을 제공할 것인가? 제2부는 고객 혜택 중심의 가치를 개발하는 단계로서 고객의 문제를 보다 정확히 해결하는 방법과 고객의 만족도를 증대시키는 내용을 담고 있다.

01

고객가치와 제품/서비스의 핵심 역량

    가치 이동이나 수요혁신을 이루려면 가장 급한 것은 변하는 고객의 가치를 파악하는 것이다.

    고객가치의 변화들을 보자. 근래에 주변의 지인이나 소비자들의 구매 또는 사용 행태를 보고 자신과 다르거나 이해가 안 되는 것들을 적어보자. 약 10분간 생각해보고 처음에는 떠오르는 대로 두서없이 기재하다가 다시 정리하면 내용을 파악할 수 있다.

- 젊은이들은 왜 시끄럽고 복잡한 카페에 가서 비싼 커피를 먹는가?
- 걷기도 어려운데 왜 굽이 높은 하이힐을 신고 다니는가?
- 신규 모바일 폰을 사는데 왜 예약이 많은가?
- 버터, 치즈, 쨈 등은 느끼한 맛인데도 매출이 높다. 왜 구매 손님이 많은가?
- 명품 백을 구매하는 연령대 중에 20대의 비율이 높다. 확실한 정보인가?

- 번화가에 고급스럽게 만든 점포가 저렴하게 상품을 판매하는데 채산성이 있는가?
- 직접 보지 않고 인터넷이나 홈쇼핑을 통해 구매한 제품은 괜찮은가?
- 피자를 배달하면 식어서 맛이 없을 텐데 그럼에도 불구하고 주문이 많은 이유는 무엇인가?
- 같은 김치찌개 전문점인데 왜 그 집만 고객이 많은가?
- 직원을 통해서 배달하지 않고 택배를 이용하는 것은 낭비가 아닌가?
- 비즈니스호텔 사업은 왜 잘되고 있는가?
- 컴퓨터를 구입했는데 A/S를 받기가 어렵다.
- 비디오테이프를 빌려주는 점포가 아직도 있다.
- 제품을 사려고 아침부터 기다리고 있다.
- 이제는 집을 빌려줄 때 임대료가 더 비싸지는데도 모든 가재도구를 준비하고 빌려줘야 잘 된다는데 그 이유는 무엇인가?
- 어떤 기계 회사는 기계 판매 시 전담 사원이 파견된다고 한다.
- 무선인터넷을 설치한다면서 그 효과를 제대로 제시하지 못한다면 영업 사원이라 할 수 있는가?

위 내용들은 고객의 가치 변화에 대한 사례인데 매우 다양하고 이해하기 어렵기도 하다. 그러나 위 내용들이 정말 맞는 말이라면 그 이유가 무엇인지 확인해야 한다.

결혼 예물로 꼭 다이아몬드 반지를 가져야 한다는 것은 신세대의 사고방식이 아니다. 그 돈으로 더 크고 새로운 기능을 갖춘 TV를 구매하거나 새로운 지역의 신혼 여행지를 선택해 즐거움을 높이는 것으로 구매 가치가 변하고 있다.

이런 사항들을 귀사의 사업에 접목시켜서 시장 기회를 활용해야 한다. 예전 생각은 버리고 새로운 방법을 연구, 적용할 시기인 것이다. 이제부터 검토해보자. 기본적으로 검토할 사항은 다음과 같다.

첫째, 고객이 원하는 가치를 제공하고 있는가?

둘째, 원하는 가치를 창출하기 위한 노력의 정도와 소요 비용은 감당할 만한가?

셋째, 모방이 어려워서 경쟁사와 차별화할 수 있는가?

위 내용에 적합한 귀사의 답안을 작성해보자. 당장은 작성하기 어렵더라도 이제부터 다음 내용들을 열심히 공부해서 자기 것으로 만든다면 해답을 적을 수 있을 것이다.

고객가치란?

고객가치는 두 가지 측면에서 검토돼야 한다. 하나는 가격, 맛, 느낌 등 제품/서비스의 품질에 관한 것으로 고객이 직접 느끼는 요소이다. 다른 하나는 배달, 분위기, 생산성 등 간접적으로 만족도에 영향을 미치는 요소이다. 이는 전체 고객가치 구조를 파악하면 이해될 것이다.

가치란 무엇인가

가치! 가치란 무엇인가? 이는 제품이 가지고 있는 특징보다 더 많은 혜택을 제공할 수 있는 것이라 할 수 있다. 여기에는 현재 경험하고 있는 것과 추가로 제공되는 이익이나 혜택도 포함된다. 가치와 욕구는 다르다는 것을 이해해야 본 문장들을 좀 더 정확히 이해할 수 있다. 욕구는 피자를 먹고 싶은 것이라 할 수 있다(물론 브랜드 명도 포함된다). 그런데 같은 브랜드 점포라도 특정한 점포를 지정해 찾아가게 된다면 그 점포에는 무언가 다른 점이 있는 것이다. 예를 들면 해당 피자의 점포가 다른 곳보다 친절하다면 고객들이 자주 이용하게 될 것이다. 이렇게 고객이 오도록 만드는 요인이 가치이다.

가치란 고객에게 실제 필요한 사항을 말하며 이는 다양하게 나타나고 있다. 그래서 가치란 단어는 좀 생소하겠지만 욕구보다 더 높은 의미를 갖고 있다는 것을 정확히 알아야 한다. 이제는 고객 환경의 변화가 다양해 욕구 충족만 가지고는 사업 영위가 점점 어려워지고 있다. 따라서 가치 파악에 좀 더 노력을 해야 한다.

가치란 제품/서비스를 구입 시 지불하는 가격에 대해 고객이 사용하며 얻어지는 만족(효용+이익)을 말하는데 단어가 생소하면 혜택으로 생각해도 좋다.

'만족'도 사용 후 만족도, A/S 만족도, 느끼는 만족도 등 고객에 따라 다양하게 나타날 수 있다. 최근에는 고객이 느끼는 만족 범위가 다양하고 복잡하며 커지고 있는 것이 일반적이라서 회사들은 여러 가지 다양한 마케팅 전략을 필요로 하고 있다.

이들은 보다 개발이 쉽고 시장 접근이 용이한 핵심 역량의 차별화를 통해 경쟁우위를 높이고 있다. 이것을 확고히 하는 많은 회사들이 시장을 주도하고 있다. 시장 변화를 정확히 파악해 시장에 적합한 사업 또는 사업 방법을 개발, 진입해 성공한 것이다. 이를 위해서는 시장의 변화를 가장 잘 나타내는 고객가치의 정확한 확인이 우선이다.

'고객들은 어떻게 변하고 있는가?' '고객들의 관심사항은 무엇인가?' '사업의 이윤 추진력의 주요 요소는 무엇인가?' 이들 질문에 적합한 답변이 되는 단어는 가치이다.

그렇다면 시장에서 원하는 가치는 무엇인가? 이 가치를 정확히 판단하면 자기 기업에 필요한 핵심 역량을 명확히 구축할 수 있다. 경쟁에서 제품/서비스에 차별적 우위가 없으면 경쟁 요인은 가격밖에 다른 것이 없다. 이때 고객의 선택 요인은 가장 낮은 가격이다. 제품/서비스를 구매할 가치는 가격 이외에는 다른 것이 없기 때문이다.

따라서 가치의 공식은 다음과 같다.

가치＝제품/서비스의 기본 기능
  ＋구입 시 추가로 제공되는 요소(점포인 경우 친절 · 서비스, 점포 위치, 영업 시간 등)
  ＋제품/서비스의 가격 외적 요인(스타일, 모양, 색상, 편리성, 신속성 등)

최근에는 고객이 구매 · 사용을 통해서 얻을 수 있는 경험(자부심, 권위, 편안, 차별성, 효율성 등)이 포함되고 있다.

제품 가치는 제품을 제대로 이해하고 사용하는 것 또는 제품의 효용도를 말하는데 다양한 기능과 방법을 통해 가치를 높일 수 있다.

① 기본 기능: 제품이 가지고 있는 본래의 기능

　(예) 과자는 맛있다. 음료는 갈증을 해소한다.

② 부가 기능: 사용 가치, 용도, 기능

제품을 어디에 사용하느냐에 따라 제품의 기능과 가치는 증대한다.

(예) 스낵은 졸음을 쫓기 위해 먹고, 주스는 피로 회복을 위해 마신다.

③ 추가 기능: 먹는 방법, 만드는 방법

(예) 카레 요리를 할 때 커피를 섞으면 맛도 좋고 색깔도 더욱 먹음직스럽게 된다(커피 회사의 제안).

커피를 먹을 때 우유를 섞으면 여러 사람이 먹을 수 있다(아이스커피에 우유를 타면 아이도 먹을 수 있다 → 우유 판매사원의 제안). 이는 소비자를 증대시키는데, 아이스커피 판매를 증대시키는 것인지 우유 첨가로 우유 판매를 증대시키는 것인지는 판단에 맡긴다.

표 5_ 제품/서비스별 고객욕구 특징

구분	주요 기능	소비재	중간재	산업재
1차 욕구	기본 욕구 충족	기본 기능 가격 할인 선호도	제품의 표준과 기본 기능 가격과 할인 구조 비용 절감	구매자 욕구와 일치성 제공 기능 범위와 A/S 제품 보증, 기능 보강
2차 욕구	부가 욕구 충족	멋, 디자인 추가 용도 브랜드 로열티	관련재와 연관성 공급 능력, 수송비와 능력 브랜드 로열티 기술자의 선호도와 경험	기술적 지원, 작동 용이성 에너지 소요, 배달 신뢰성 기술자의 선호도와 경험 구매자의 경쟁적 제안 추가 용도, 예상 수익성
3차 욕구	추가 욕구 충족	내구성 부가 효과 사용비 절감	사용비 절감 부가 혜택	생산성 기본 설비의 보완 사항 인력 소요 변화, 구매 자금 지원 투자수익률 공헌도 기타 추가 대안

소비재(예): 식음료, 가정용품과 가전용품, 의복과 패션잡화 등
중간재(예): 건축자재, 부품 등
산업재(예): 기계, 장비 등

앞의 내용에서 소비재, 중간재, 산업재 등 모든 제품/서비스의 기본 기능은 제품/서비스 자체의 품질이나 기능을 말한다. 그러나 2차 욕구에서는 내용이 다르다. 각 제품이 가지고 있는 특징에서 사용되거나 선택된 내용이 다르기 때문이다. 최근에 경쟁이 되고 있는 2차 욕구에서는 품질이 좋고 디자인도 좋으며(소비재), 사용자가 사용하기 편해야 한다. 또 A/S도 신속하고 정확해야 한다. 3차 욕구에서는 제품/서비스를 사용해 사용만족도는 높으나 추가적인 혜택 즉, 사용비가 절감된다든가, 생산성이 더 높아진다든가, 업무 단계가 단축된다든가, 내구성이 길다든가 하는 등의 부가 혜택이 증가해야 고객들의 가치 선택 범위가 변하거나 추가됐다. 따라서 귀사의 제품이 어느 영역에 속하는지 확인한 후 이에 대한 새로운 자료를 준비해야 한다. 이것이 귀사가 제공하는 솔루션 즉, 문제 해결 방법이 되는 것이다.

이와 같이 기본적인 가치를 제공하는 것 외에 추가로 제공하는 가치가 실제 구매를 결정하는 경우가 많다. 이는 소득의 증가와 구매 수준의 변화로 구입 가치가 달라지고 있기 때문이다. 이제는 제품의 품질은 기본이고 디자인과 색감, 제공되는 서비스가 좋아야 구매의 우선순위가 될 수 있다. 대기업 제품이 아니더라도 디자인이 좋은 중소기업 MP3가 잘 팔리고 있고, 저가 화장품의 인기가 계속 상승하고 있다. 고객의 제품/서비스 구매 기준이 제품 품질, 가격 중심에서 실제 혜택을 받을 수 있는 가치 중심으로 변동하는 것이다.

이러한 변화는 매우 빠르고 다양하게 나타난다. 기업의 경영에서도 과거의 방식이 아닌 새로운 방식을 필요로 하고 있다. 시장전략에 대한 내용을 전체적으로 검토할 시기가 도래하는 것이다.

이제는 같은 기술이더라도 디자인이 좋고 사용이 쉬우며 보다 효율적으로 성과를 얻을 수 있는 것이면 주목을 받는다. 단순히 일차적인 욕구만 만족시키는 것으로는 판매가 어렵다. 확장된 가치를 제공하거나 토털 솔루션을 제공해야 한다. 고객이 실제로 원하는 2, 3차 욕구를 만족시켜야 한다. 따라서 영업사원도 고객의 2, 3차 욕구를 만족시킬 수 있는 능력을 갖춰야 한다.

기업은 고객에게 제품/서비스만 제공하는 것이 아니라 배달, A/S, 서비스, 고객욕구조사, 연구개발 등 가치를 형성하는 다양한 사항을 총체적으로 제공하는 것으로 고객의 가치만족도를 증대시키고 있다.

① Core benefit: 제품으로부터의 기본적인 편익

　　(예) 자동차(이동 수단), 호텔(휴식 · 수면), 드릴(구멍)

② Basic product: 가장 기본적

　　(예) 자동차(굴러가는 차), 호텔(침대, 욕실)

③ Expected product: 고객이 통상 예상하는 정도

　　(예) 자동차(라디오, 히터), 호텔(깨끗한 침대, 타월), 목욕탕(수건), 여관(칫솔)

　　basic + expected = tangible(유형) product

④ Augmented product: 유형 제품 + 판매원 서비스 + 신용 조건 + 품질 보증

　　(예) 자동차(상담, test drive, 할부, 무상 수리), 호텔(위성 TV, Fax, 인터넷 설치)

아래 내용은 실제 제품/서비스를 선정해 가치 내용과 변화사항을 다루고 제공하는 솔루션 내용을 검토해본 것이다. 자세히 분석해보면 더

표 6_ 제품/서비스별 고객욕구 특징

	산업재		소비재		소매점	
	선반기계	저가항공사	여행사	도넛	베이커리 카페	동네슈퍼
기본기능	잘 깎임	비행기 이용	여행	맛있는 빵	커피숍	구매
부가기능	작동 용이 작은 크기	가격 저렴	원하는 여행	맛	맛있는 케이크	높은 접근성
추가기능 (가치)	A/S가 신속, 정확	빠른 탑승	만족도 증대	부드러움	좋은 분위기	밤에 구매 가능
솔루션기능 (신 가치제공)	고 생산성 유지비 저렴 고장율 감소	쉬운 예약 빠른 발권	여행상담 맞춤여행 만족도 점검	색다른 맛	대화공간 권위 부여	전문점 특화

참조: 기본기능-제품/서비스의 본질적인 특징
　　　부가기능-제품/서비스의 추가 특징
　　　추가기능-별도로 얻을 수 있는 특징

욱 구체적인 가치를 확인, 활용할 수 있을 것이다. 실제 활용 방법에 대해서는 본 내용들에서 사례를 통해 제시되고 있으니 이를 참고하면 된다.

가치구조의 이해

가치구조의 단계는 다음과 같다.

• 가치를 창출할 수 있는 과정
가치구조상의 고객가치 파악 → 고객에게 제공하는 가치 결정 → 실제 회사의 실행 전략과 제시할 가치(안) 확인가치의 개념에 대한 이해를 했다면 이제는 어떤 가치를 창출해 제공할 수 있는지를 검토해볼 필요가 있다. 다양한 가치 중에 우리는 어떤 가치를 제공해 고객을 만족시키고 경쟁우위를 갖출 수 있는가를 확인해야 한다. 이를 가장 쉽게 확인하려면 제공하는 제품/서비스에 대한 가치구조를 파악해보면 된다.

가치구조란, 고객이 혜택을 얻는 각 과정 또는 가치 형성 단계를 말한다. 빵을 먹을 때 가장 간단한 가치구조는 '빵을 구매한다' '먹는다'로 나눌 수 있다. 따라서 구매 시 얼마나 편리한가, 먹을 때 얼마나 맛있는가에 따라 추가 구매를 할 수 있는지가 결정되는 것이다. 따라서 각 가치구조에 대한 고객만족 증대 사항을 연구하고 제공해야 한다. 일반적으로 구매 탐색 → 구매 → 배송 → 사용 → 유지 및 보수 → 폐기 및 처분에 이르는 6단계 사이클이 구매해서 사용하는 단계이다. 소비자의 입장에서는 사용 구조(단계)라고 생각할 수 있다. 이를 공급자 입장에서는 가치사슬이라 한다. 여기서 가치구조와 가치사슬을 구분하는 것은 기업과 고객이 각자의 입장에서 서로 달리 생각하므로 혼동되지 않게 하기 위한 것이다. 공급자는 가치구조보다는 기업 중심의 일이 많으므로 가치사슬을 많이 사용한다. 그리고 그 구조별로 고객이 사용하는 방법이 다르므로 만족 요소와 만족도도 달라질 수 있다. 즉, 가치구조별로 만족도가 다르므로 이에 대한 정확한 분석과 대응 전략이 필요하다. 이 가치구조를 사업화에 활용하는 방법을 가치사슬이라 하며 각 가치사슬별로 차별적 요소를 갖춰야 경쟁우위를 유지할 수 있다.

가치구조는 회사가 제공하는 것이 아니라 고객이 느끼는 것을 중심으로 결정해야 한다.

표 7_ 가치창출요소 (예)

가치창출단계	세부 요소	가치창출요소(상품/서비스 탐색)	경쟁우위 구축내용* (상품/서비스의 특징)
주요 기능 (내용 이해가 쉽고 빠르게)	제품/서비스	감성요인 제공할 가치	
	정보파악	정보 접근 소요시간 접근의 신속성 내용의 이해용이성	
구매 (즐거움 제공)	구매활동	종류의 다양성 가격의 차별성 좋은 디자인 공주 같은 대우 쾌적한 분위기 맛 구매편리성	
	점포	점포 위치, 이미지- 편안, 깨끗, 럭셔리 구매편리성- 동선, 진열, 정보지원 종업원- 복장, 미소, 지식수준, 화법, 이벤트- 마일리지, 판촉활동 온라인 점포 무 점포 판매	
배송 (빠르고 정확히)	납품	속 도 편의성 적시성 설치 편의성	
사용 (체험만족도 증대)	기능적 가치	내구성(TV, 냉장고), 신뢰성(냉방효과, 삶는 효과)	
	사회적 가치	사회적 인정 정도(고장이 잘 나지 않는다)	
	감정적 가치	감성, 감정적 교류사항(블로그, 제품이미지)	
	인식적 가치	상품의 독특성과 만족도(신 아이디어 사업/상품)	
	조건적 가치	가치의 확장(복합기능 제품, 용도의 확대) 효용 권위 재미 이미지 상승 편리성 편안 고객관리 생산성	
애프터서비스 (빠르고 정확히)	청구	청구 절차의 용이성 간편성	
	고객대응	속도 적시성 소요비용	
폐기/처분 (빠르고 저렴하게)	처리과정	간편성 처리 비용 재활용 환경 친화성	

* 상기 내용에 실제 경쟁우위 요소를 기재해서 현상을 파악해보자.

커피의 예로 검토해보자.

커피 원두는 고객이 구입, 사용할 때 어떠한 가치 단계와 구조를 가지고 있는가? 어떤 가치(구입의사 결정 요인)로 구성돼 있는가?

그것은 원두 구입 가격, 원두 배송, 커피를 끓일 때 소요되는 물의 양, 커피를 끓이는 시간, 커피를 내릴 때 사용하는 필터의 사용량, 커피 찌꺼기의 양, 커피 기계의 청소 수월성과 청소시간, 커피 찌꺼기의 재활용 방법, 그리고 가장 중요한 맛 등으로 표현될 수 있다. 그런데 각각의 가치에 대해 무엇을 제공해야 하는지 생각하기 전에 어떤 혜택을 줄 것인가를 먼저 결정해야 한다. 또한 제공되는 내용이 경쟁사보다 비교우위를 갖춰야 한다.

다음과 같이 구분해 고객에게 적합한 활용 방법을 제시함으로써 혜택을 제공할 수 있다.

- 비용을 줄이는 가치 단계: 구입 가격, 배송비, 필터 사용량, 커피 찌꺼기의 양
- 생산성을 높이는 가치 단계: 커피 기계의 청소 수월성과 청소시간, 커피를 끓이는 시간
- 기타: 커피 찌꺼기의 재활용 방법

가치구조에 대한 이해는 해당 제품/서비스가 고객의 욕구나 불만사항을 접수한 내용만 가지고는 충분하지 않다. 고객이 실제 경험한 결과의 분석을 통해 더욱 세밀한 정보를 확인해야 한다. 즉, 고객의 실제 경험 사례를 단계별로 파악한 후 각 단계에서 발생하는 고객의 문제점

표 8_ 커피숍의 가치단계별 솔루션 내용 검토(안)

가치창출단계	세부 요소	가치창출요소	제안 솔루션
제1단계: 상품/서비스 탐색 (내용 이해가 쉽고 빠르게)	상품/ 서비스의 특징	주요 기능 감성 요인 제공할 효익 내용의 이해 용이성	커피 따뜻함, 안정감 맛, 분위기 소비해보면 바로 알 수 있음
제2단계: 구매 (즐거움 제공)	구매활동	종류의 다양성 가격의 차별성 가치 차별성	다양한 맛의 커피 판매가격 제공되는 서비스와 분위기
	점포 개설	점포 위치 온라인 점포 무점포 판매	번화가 인접 점포 가능 별도 전략 별도 전략
제3단계: 배송 (빠르고 정확히)	납품	속도 편의성 적시성 제품 설치 배송 방법	주문 후 도착시간 점포로 직송 가능 도착시간의 오차 기계에 설치 소량 주문도 배송
제4단계: 사용 (기본 혜택)	기본 혜택 만족도	기능적 가치 사회적 가치 감정적 가치 인식적 가치 조건적 가치	맛이 좋음 제품의 격이 있음 먹으면 기분이 좋음 점포 분위기가 좋음 숍에서 여러 가지 일을 할 수 있음
	부가 혜택 만족도	효용/권위/재미/이미지/ 편리성/편안/고객관리/ 생산성/비용관리	편안하고 맛이 좋으며 공부, 회의도 가능
제5단계: 애프터서비스 (빠르고 정확히)	청구 · 고객대응	청구 절차의 용이성/간편성 속도/적시성 소요비용	전화, 메일 이용/담당과 즉석 연결 30분 내 처리/약속한 시간에 미팅 청구비용 없음
제6단계: 폐기/처분 (빠르고 저렴하게)	처리 과정	간편성 처리비용 재활용 환경친화성	연락 후 다음 날 처리 무게 기준/처리 대행 재활용 방법 안내/재활용 실천 추후 공지

현안, 잠재적 애로사항이나 추구 가치 등이 무엇인지를 잘 규명해야
회사가 제공할 수 있는 솔루션 영역과 내용을 정확히 파악할 수 있는
것이다.

P&G의 고객가치창출 방법

P&G는 소비자의 정확한 가치창출을 위해 소비 행태를 좀 더 넓게 봐야 한다는 기본 방향을 가지고 소비자 친밀 프로그램을 시행했다. 소비자 친밀 프로그램은 소비자가 원하는 가치를 파악하는 방법으로, 신입사원은 필수 이수해야 한다. 실제로 전 직원의 70퍼센트 이상이 경험했다.

고객가치 파악의 주요 과정은 다음과 같다.

- 큰 문제점 발견: 고객의 속내를 잘 모르겠다. 우리 회사는 비교적 사회적, 경제적 지위가 높은 사람들을 고용한다. 그러나 우리의 주된 소비층은 중산층이다.
- 살아보기: 소비자의 집에서 며칠간 살면서 식사, 쇼핑, 여가활동을 같이하며 실제 몸으로 느껴보는 프로그램을 통해 시간과 돈을 어떻게 사용하는가, 사회 관계망은 어떠한가. 그녀에게 무엇이 가장 중요한가, 어떤 제품을 구매하며 어떻게 사용하는가, 어떤 면에서 해당 브랜드와 그녀의 삶과 맞는가 등을 파악한다.
- 일해보기: 작은 매장의 카운터 뒤에서 일해 보는 프로그램을 경험하면서 특정 제품을 사거나 사지 않는 이유와 자사의 혁신이 쇼핑을 편하게 하는지 아니면 소매업체나 고객에 혼란만 주는지를 파악한다.
- 활동 결과: 핵심 욕구, 가격 포인트, 고객 접근 경로, 비즈니스 모델, 비용구조를 더욱 정확히 알 수 있다. 따라서 눈, 귀, 마음, 육감을 동원해 심도 있게 조사해야 한다.

예전에 제품을 개발할 때에는 치약의 경우 입, 샴푸는 머리카락, 세제는 빨랫감이나 세탁기 등 소비자의 여러 측면이 아닌 소비 중심 하나에만 초점을 맞췄다. 즉, 삶을 고려하지 않고 회사의 제품과 기술만 생각했다.

그러나 위와 같은 프로그램을 통해 P&G의 직원들은 소비자의 삶을 이해하는 방법을 배울 수 있었다. 그녀가 얼마나 바쁜지, 그녀의 일은 무엇인지, 그녀의 수입은 얼마나 되는지, 집안에서 그녀의 역할은 무엇인지, 그녀의 개인적인 꿈은 무엇인지, 그녀는 어떤 가정을 꿈꾸고 있는지 등 소비자의 살림살이와 개인적인 욕구가 파악되자 그에 맞는 혁신의 기회가 눈에 들어왔다.

- 기회: 멕시코인을 위한 세제 개발
- 내용: 멕시코인을 인구 1억 6,000만 명 중 상류층 15퍼센트, 중산층 60퍼센트, 하위층 25퍼센트(하위층은 제품 구매 경제력이 없다)
- 목표: 중산층 시장 침투

이들과 관련된 비즈니스의 기회는 무엇이며 그 이유는 무엇인가? 그동안 이들에게 더 좋은 제품을 선보였지만 소비자의 욕구와 습관을 이해하지 못해 실패했다(기존 제품의 경우, 일반 사용량의 50퍼센트만 사용해도 거품 없이 세정 효과를 얻을 수 있었다).

- 고객 생각: 적은 양으로 세탁물을 깨끗하게 빨 수 있다는 것을 믿지 않았다. 또 거품이 없으면 때가 씻겨나가는 것을 확신하지 못한다. 그리고 이

들은 세탁기가 없어 손빨래를 많이 한다.

- 중간 결과: 회사가 제시한 것이 대다수 멕시코인이 원하지 않는 것과 일치한다.
- 살아보기: 새 옷은 자주 살 수 없지만 잘 입히려고 빨래를 잘하고 다림질을 해 놓는다. 사용할 수 있는 물이 너무 부족하다. 세탁-헹굼-헹굼-유연제 첨가-헹굼-헹굼의 6단계로 세탁을 하려면 물을 길어 오거나 빨랫감을 가지고 가서 물이 있는 곳에서 빨아야 한다.
- 기회: 섬유유연제 사용을 원한다. 빨래는 힘들지만 물 부족이 더 문제이다.
- 결론: 물을 적게 쓰면서 빨래를 좀 더 편하게 할 수 있는 방법이 필요하다.
- 전략: 세탁과정을 6단계에서 3단계로 축소하였더니 헹구는 시간과 빨래 횟수가 감소돼 시간, 물, 노력이 모두 절약됐다. 옷 냄새도 좋다.

이처럼 가치구조별 구매 요인이 되는 단계별 필요가치를 확인한 후 각 가치구조별 고객 경험 파악 내용을 정리, 이에 대한 해결, 보완, 지원 방법을 결정하면 된다. 이때 결정된 내용이 비즈니스 솔루션의 기본 내용이 되는 것이다.

새로운 고객가치를 제대로 파악할 경우 해당 제품/서비스에 대한 관리, 가치 제공 방법을 바꿀 수 있으며 나아가 신제품을 만들어낼 수 있을 뿐만 아니라 경험 등을 가미한 기존 사업의 새로운 차별화 요소를 정립할 수 있다. 또 다양한 고객문제를 해결하는 새로운 비즈니스 솔루션 모델을 창출할 수 있다. 이에 포함되는 내용은 각 제품/서비스별로 차이는 있으나 성과와 비용에 대한 내용으로 나타난다. 세부적으로는 생산성 향상, 단순성, 간편성 및 편의성 증대, 위험 감소 및 배제, 비용 절감 등이 주류를 이루며 필요한 경우 이에 대한 변화된 수치도 준비해야 한다.

과거에는 제품 본래의 특징 · 편익에 기반을 둔 사용 등에 고객의 관심사가 집중돼 있었다면, 향후 고객가치는 전체 경험 단계로 확산되며 다양화되고 있다. 따라서 고객들이 제품/서비스를 구매, 사용 시 일련의 경험 과정을 겪는 가치 단계에서 발생하는 고객의 불만사항, 미 충족욕구, 그리고 기타 문제점 등이 무엇인지를 잘 파악해 새로운 고객가치를 발굴할 수 있는 기회를 가질 수 있다. 실제 고객가치는 단계별로 고객이 추구하는 효용가치를 분석하면 도출할 수 있을 것이다.

물론 제품/서비스별로 고객가치에 차이가 있을 수 있다. 그래서 자사의 제품/서비스의 특성을 감안해 고객가치를 찾아내는 노력이 매우 중요하다. 만약 찾아냈다면 향후 이의 열람이 가능하도록 자료화해서 활용하는 것도 필요하다.

02

고객가치 발견 및 변화 파악 방법

다양한 고객욕구 변화에 대한 대응 사고의 전환

독점 제품, 신기술의 탄생은 쉬운 일이 아니다. 비슷비슷한 제품이 범람하게 되고 신제품이 나와도 빠른 범용화가 진행돼 시장경쟁우위를 차지하기가 어렵다. 기술보다는 사업 방법의 우위를 구축해 경쟁을 피해가야 한다. 예를 들어 커피를 다른 곳보다 맛있게 만들어서 제공하는 것, 정수기를 임대 방식으로 판매하는 것, 제공되는 여러 가지 서비스를 줄여서 항공료를 싸게 파는 것, 피자를 주문 후 20분 만에 배달하는 것, 빵집에서 제공하는 제품/서비스를 달리해 고객을 불러들이는 것 등이 전부 인기 있는 사업 방법이다.

이는 지금까지와 다른 새로운 소비 행태와 문화를 나타내므로 기존 사업 방법의 제품/서비스는 시장에서 인기가 점점 줄어들고 있다. 이

같은 사업 방법은 최근에 가장 잘 사용되고 있지만 실제 이를 파악하기 위해서는 시장을 넓게 봐야 한다. 그렇지 않으면 정확히 확인할 수 없으며 또 지나쳐 버리는 경우가 많다. 시장 내에서 성공한 기업의 특징을 확인하는 눈과 검토하는 방법이 달라져야 한다.

배달은 피자 회사에서 먼저 시행한 것인가? 아니다. 당연히 배달은 별도의 사업이다. 그러나 고객이 좀 더 편안히 먹을 수 있는 방법을 원하고 있었기 때문에 배달을 이용한 것이다. 도미노피자는 이 방법을 도입(피자＋배달: 피자는 판매점에 가서 먹어야 맛이 있다는 생각을 바꿔버렸다)해 시장 1위를 넘보고 있다.

스타벅스 커피숍의 성공은 경쟁의 경계가 무의미하다는 것을 보여주고 있다. 커피를 파니 당연히 커피숍과 경쟁이 돼야 하나 스타벅스의 매력은 커피보다는 공간에 있다. 스타벅스는 여유롭고, 자유스럽게 만나는 공간을 제공한다. 최근에는 라이프스타일에 맞추어 커피를 마시면서 책도 보고, 음악도 듣는 공간을 제공하고 있다. 이런 상황에서 공간의 경쟁자는 누구일까? 바로 빵집, 카페 등이다. 스타벅스는 소비가 아닌 문화공간으로 형성돼 이들과 경쟁을 하고 있다. 이제 고객은 커피만 먹기 위해 커피숍에 가지 않는다. 고객의 욕구가 변화된 것이다. 최근 발표된 스타벅스의 심벌과 로고에서는 커피라는 글자가 빠졌다. 이는 무엇을 나타내는가? 커피 사업만 하는 것이 아니라 먹을거리 사업으로 전환하겠다는 이야기이다. 벌써 변하는 고객에 맞춰 새로운 수익모델을 추가하는 것이다. 이제 와플이나 팬케이크는 간식이 아니라 주식으로 먹는 빵이 됐다. 이를 활용해 신 점포가 탄생했는데 젊은이들이 줄을 서서 기다렸다가 먹을 정도로 반응이 좋다. 이와 같이 시장에서 성공을 거둔 기업들의 공통된 특징은 기존의 경쟁 룰the rules of the game을 따르지 않고 자사에 적합한 게임의 법칙을 만들어내어 전혀 새로운 방식으로 경쟁한다는 것이다. 비즈니스 솔루션을 제공하는 기업들은 바로 이 점을 간과해서는 안 된다. 이러한 특징을 정확히 확인한 후 솔루션의 항목에 포함시키는 것도 매우 유용한 방법이다.

우선 환경 변화를 검토해보면 소득 상승, 여유시간 증가, 다양한 정보 접촉 및 수월한 정보 수집 등으로 제품/서비스에 대한 지식이 많아졌고 수준도 높아졌다. 우유 세대, 인터넷 이용, 자식에 대한 애정표현의 변화 등으로 신세대의 의식 및 제품/서비스 선택 의식이 변화됐다. 그리고 핵가족화, 가족 중심, 개인주의가 우선시돼 주관적인 만족으로 고객의 선호 경향이 바뀌고 있다.

이런 상황에서 나타난 새로운 욕구를 검토해보면 삶의 질 향상을 추구하고 있다. 자연주의, 웰빙well-being을 선호하고 가족, 건강, 여가 등에 관심이 높아지고 있으며 제품/서비스 선택 시에는 감성, 미적 감각, 체험(느낌), 재미 등을 우선적으로 생각한다. 그리고 구매 시에는 이성 소비를 지향하나 자기가 가지고자 하는 것에 대해서는 만족도를 높일 수 있다면 가격을 그리 따지지 않는 소비 행태도 보이고 있다. 소비에 대한 기본 방향은 효율, 개성, 스피드, 자기개발 등이 기본적인 축이 되고 있다.

위 내용을 이용해서 귀사의 제품/서비스에 제공할 가치를 정리해보라. 그러면 무엇을 실천해야 하는지를 확인할 수 있다.

트렌드 변화와 새로운 가치 파악

트렌드란 개개의 단편적인 현상이 어떠하든, 전체로서의 큰 흐름이 어떤 방향으로 변화돼 가는 것을 말하는 것이다. 전체적인 시대 변화에 어려움이 있다든가 예전보다 판매율이 감소하는데 경쟁에 의한 것이 아니라면 기본적으로 트렌드 변화에 적합한 제품/서비스가 부족한 것이다. 트렌드는 인구통계적, 경제적 · 기술적, 사회적 · 문화적 환경의 변화에서 나타나는 것이므로 변화에 대해 관심을 갖는다면 어느 정도 확인이 가능하다. 그러나 이에 대한 대응 시기가 늦거나 대응 방법이 달라서 적응하기가 어려운 경우가 많다. 전략적인 면에서는 기본적으로 활용되는 패러다임 변화를 가져오기 때문에 비전과 계획, 사업 정의 business definition(업의 본질) 설정에 영향을 줘 트렌드에 맞게 솔루션을 개발하면 성과를 더욱 높일 수 있다.

경쟁 방법의 변천사를 보면 처음에는 보다 좋은 제품을 만드는 것이 경쟁력이 됐고 그 이후에는 누가 먼저 소비자가 원하는 제품을 만드느냐는 것이 핵심 역량이 됐다. 그러나 최근에는 기술과 제품의 질이 비슷해지고 경쟁이 치열해지면서 해당 제품/서비스가 소비자를 공감시키는 정도, 사업 방법 우위가 경쟁우위 요소가 됐다. 이것이 변하는 트렌드의 기본 흐름이라 할 수 있다. 화장품 전문점 더페이스샵, 미샤는 영국 회사인 더바디샵이라는 회사의 비즈니스 모델을 검토해 새로운 화장품 사업을 도출해 짧은 시간에 목표를 달성했다. 더페이스샵은 짧은 시간에 업계 3위까지 달성했다. 경쟁사가 아닌 회사의 방법이라고 간과할 것이 아니라 트렌드에 적합한 방법이라고 판단되면 구애받지

그림 1_ 가치의 트렌드 변화와 대응방안(예)

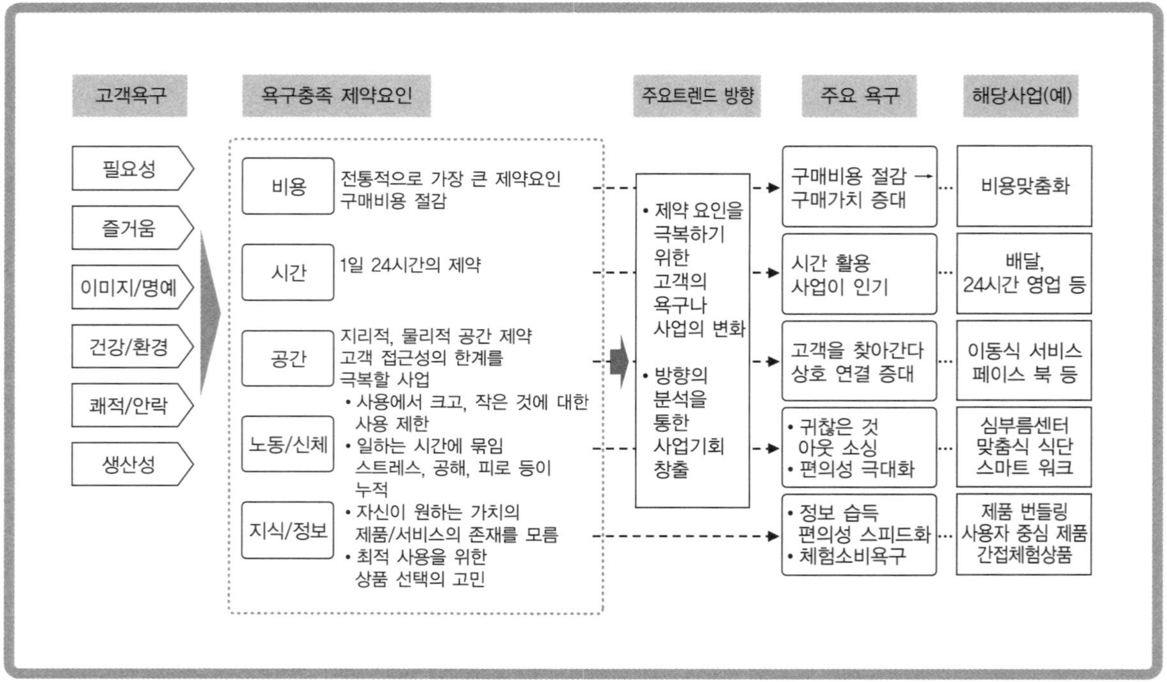

고객욕구	욕구충족 제약요인		주요트렌드 방향	주요 목구	해당사업(예)
필요성	비용	전통적으로 가장 큰 제약요인 구매비용 절감	· 제약 요인을 극복하기 위한 고객의 욕구나 사업의 변화 · 방향의 분석을 통한 사업기회 창출	· 구매비용 절감 → 구매가치 증대	비용맞춤화
즐거움	시간	1일 24시간의 제약		시간 활용 사업이 인기	배달, 24시간 영업 등
이미지/명예	공간	지리적, 물리적 공간 제약 고객 접근성의 한계를 극복할 사업		고객을 찾아간다 상호 연결 증대	이동식 서비스 페이스 북 등
건강/환경	노동/신체	· 사용에서 크고, 작은 것에 대한 사용 제한 · 일하는 시간에 묶인 스트레스, 공해, 피로 등이 누적		· 귀찮은 것 아웃 소싱 · 편의성 구매화	심부름센터 맞춤식 식단 스마트 워크
쾌적/안락	지식/정보	· 자신이 원하는 가치의 제품/서비스의 존재를 모름 · 최적 사용을 위한 상품 선택의 고민		· 정보 습득 편의성 스피드화 · 제품소비욕구	제품 번들링 사용자 중심 제품 건강(건강)상품
생산성					

말고 도입해야 한다. 산업 전체에서 새로운 아이디어나 사업 방법이 있는가를 수시로 파악해야 한다. 새로운 사업 방법을 경쟁 회사가 먼저 도입해 성공하면 시장경쟁에서 뒤처지기 때문이다. 경쟁자의 행동 파악도 중요하지만 이제는 전 산업시장의 변화를 확인하고 활용하는 자세가 필요하다. 이 방법을 활용하면 비즈니스 솔루션을 빨리 정착시킬 수 있다.

최근의 주요 트렌드를 검토해보면 소득 수준, 생활 방법, 가족생활의 특징 등으로 라이프스타일이 다양하게 나타나고 있다. 이로 인해 감성(재미와 즐거움)을 매우 좋아하며, 일시적인 충동이 아닌 실제 체험을 중시하고 자기만족(개성)을 가장 중요하게 여기는 구매 행태를 보일 것이다. 삶의 질에 대한 관심이 매우 증대되고 있으며 특히 환경 친화적인 사고방식, 제품 등의 선호가 증가하고 소득의 양극화, 선호도의 다양화로 고가와 저가시장이 서로 공존하고 있다. 가족도 어머니 혹은 부인 쪽을 중심으로 관계 형성이 증대돼 외가를 선호하고 어머니의 의사결정이 많은 영향을 미치는 신 모계사회가 형성되고 있다.

또한 기업 경영 의사결정이 국내시장이 아닌 세계시장을 겨냥해 이뤄지고 있어 국제화 문화가 형성되고 있다. 위 내용들은 비즈니스 솔루션을 제공하는 가치를 결정하는 하나의 중요한 역할을 할 것이다.

산업 전체의 핵심 가치 이동(예)을 중심으로 확인해보면 다음과 같다.

- 고객에게 복합 기능을 추가하는 것이 좋은가, 아니면 단순하게 크기, 가격 등과 경쟁을 하는 것이 좋은가?
- 서비스 방법에서 온라인 활용을 활성화하는 방안은 고객만족에 얼마나

공헌을 하는가?

- 점포 없이 사이버마켓을 개설해 판매하는 방법, 또는 제품의 이미지를 더욱 강화하기 위해 전문 제품 중심으로 판매하는 것도 검토 대상이 된다.

- 어떤 것이든지 디자인과 색상은 재검토가 필요하다. 그리고 개인의 주장을 고집하지 않도록 전문가의 말을 듣고 시행해야 한다.

- 같은 가격이면 더욱 몸에 좋고, 편리하고, 멋이 있으면 좋다(웰빙). 또는 가격이 좀 높더라도 더욱 높은 가치를 얻을 수 있는 것이면 구매한다.

- 시장에서 비싼 것도 아니고 또 싼 것도 아닌 것은 그리 호응을 받지 못하고 있다. 비싸면 좋든지, 저렴하면 실용적이든지 둘 중 하나를 선택하면 사업 기회가 더 많이 발생한다.

- 제조, 판매, 배달, A/S 분야 등에서 편리성을 뛰어 넘어 신속성이 없으면 경쟁력을 갖출 수 없다.

- 고객이 구매한 상품을 보고 무엇을 느낄 수 있게 해야 하는가? 그것을 가지고 있거나 또는 사용할 때 고객이 자부심을 느끼게 된다면 보다 높은 가격으로 더 많이 팔 수 있다.

- 제품/서비스의 단순한 가치보다 고객의 문제나 욕구를 전체적으로 해결해준다면 가격이 높아도 구매를 검토해볼 의향이 생긴다. 그러나 성과는 확실히 나타나야 한다.

트렌드 중심의 가치 확인

앞으로 고객의 필요가치는 무엇인가?

해당 필요가치를 기본적으로 이해하고 귀사의 제품/서비스의 변화에 활용해보면 새로운 아이디어를 찾을 수 있을 것이다. 또 각각을 연계해서 생각해보면 활용 가치가 있을 것이다.

표 9_ 트렌드별 주요 사례와 필요가치

트렌드(예)	현재	주요 사례	앞으로의 필요가치
감성: 느낌, 맛, 색상, 분위기가 좋다.	디자인이 좋고, 맛있고, 감성을 가미한 제품/서비스를 더욱 많이 찾고 있다.	베이커리 까페의 증가 도넛 시장의 증대	맛, 분위기, 서비스 등 감성이미지의 고급화 더욱 선호
가족과 같이: 가족에게 소개하거나 가족과 같이 와야 한다.	핵가족화 확대와 여가시간이 증대되면서 가족과 같이 하는 시간이 증가하고 있다.	외식 증가 웰빙제품을 우선 구매 소 포장제품 판매 증가 주부, 아이들이 구매의사결정에 참여	가족 중심 프로그램 특히 부부 중심으로 즐기는 프로그램 선호 가족 중심 먹거리업체 선호
여가 활용: 여가를 즐기는 곳의 정보를 많이 확보한다. 비싸도 정한 곳이면 이용한다. 여가시간 이용을 극대화 한다.	여가의 범위는 넓다. 외국여행자, 골프 · 스키인구, 워터파크 이용자, 전문 커피숍이 많아지고 있다.	해외여행객 증가 가계지출 중 여가비용 증가 여가생활 다양화 (골프, 스키 등) 여가시간 증대	멋있는 장소 찾아감 풀빌라, 부티크호텔 등 신 개념 여가시설 선호 골프이용자의 연령대가 낮아짐 맞춤식 여행 선호
Well-Beling: 나와 가족의 건강에 좋은 것이다.	좀 더 영양가가 있는 제품, 야채, 황토, 천연, 국산제품 등의 매출이 증가하고 있다.	건강식품 판매 증가 천연원료제품 선호 유기농 식품점포 증대	천연재료 이용 요리 증가 유기농제품 판매점포 증대 및 다양한 형태의 점포 출현
Young Mind: 이것을 사용하면 더욱 젊어진 느낌이 든다.	색조, 미백화장품, 휘트니스 클럽, 영 캐주얼의 구매비중이 높아지고 있다.	미백화장품, BB크림 판매 증대 캐쥬얼매장 주부 구매 증가 살찌지 않는 제품 선호	휘트니스센터, 바디, 스킨 케어 스파 점포 선호 주부용 55사이즈 제품 출현 부분 전문 성형외과 선호

트렌드(예)	현재	주요 사례	앞으로의 필요가치
Mastige: 비교적 적은 비용으로 고급스러움을 느낄 수 있다.	고가의 명품은 아니더라도 비용을 좀 더 지불해서 고급이며 품위 있는 제품을 구매한다.	메트로시티, 코치브랜드 핸드백의 매출 증가 베이커리카페 증가 프리미엄 식품매장 선호	단일품이 아닌 다른 제품으로 확대 전문 점포 개설로 고객만족분야를 확대
시간 활용: 바쁘거나 시간 절약에 도움이 된다.	배달, 택배 이용, 예매, 할인점 이용 등 시간 절약 방법이 있다면 경쟁력을 갖출 수 있다.	배달 위주 점포 매출 증대 배송회사 매출 증대 및 신설회사 증가 할인점 이용 증가	다양한 배달 형태의 서비스 출현 예매, 예약, 구매 대행서비스 증가
편리/편의성: 생활을 영위하는데 편리한 것인가. 또는 편의성을 제공하는가.	청소, 이사, 야식, 배달 등의 이용율 증가 및 사업 매출 증대	청소, 이사업체 증가 다양한 배송회사 출현 예약제도 인기 증가 멀티숍 증가 mall의 인기	다양한 편의서비스 선호 배달사업의 다양화 (창업 시 배달은 필수 사항) 다양한 A/S 방법 출현
가격 변화: 가격이 저렴해 효용도를 높일 수 있다.	가격이 저렴한 제품이 잘 팔린다. 그러나 효용도가 높아야 한다. 단, 저렴한 가격은 오래 유지할 수 없다.	할인점 이용 증대 미샤, 더페이스샵 등 저가 화장품 전문점 이용 증대 fast-fashion 점포 증대	더욱 전문화된 제품 할인점 필요 관련 상품 확대 멀티숍 할인점

트렌드(예)	현재	앞으로의 필요가치
매출 증대 품질만 가지고 매출을 증대시킬 수 있는 방법은 별로 없다.	제품의 기본 특징과 부가기능이 정확하고 구입 시 자금부담을 덜어준다.	매출 증대 다양한 전략 필요(제품의 고급화, 패션화, 기능화 등)
생산성 증대 구입한 제품이 얼마나 생산성 향상에 도움이 되는지를 알고 싶어한다.	경험이 적은 직원도 다룰 수 있다. 제품 조작이 그리 어렵지 않다.	근무생산성 증대를 위한 검증프로그램 중시
비용 절감 구입한 제품이 얼마나 투입비용 감소에 공헌을 하는 것이 구입의 요점이다.	구매제품이 저렴한데 고장발생이 잦다면 해당 제품은 생산을 중단해야 한다.	내구성, 고장이 적은 제품 업무단계 감소 제품을 선호

미 충족욕구 보완과 불만사항 해소

"TV는 화면이 밝아야 한다"는 이야기는 미 충족욕구를 나타낸 것이고 "흐리다"고 하면 그것은 불만사항을 표시한 것이다. 미 충족욕구는 더 좋은 것, 더 나은 것을 찾는 것을 말하며 불만사항은 현재 미흡한 현상이 발생해 표출된 상태를 말하므로 이에 대한 내용을 정확히 이해해야 한다. 미 충족욕구란 현재 고객이 원하는 사항이 제공되지 않아서 발생하는 것이다. 이것이 크면 해당 제품/서비스에 대한 기대가 큰 것이며 욕구를 충족시킬 수 있다면 해당 제품/서비스 판매량의 증대는 눈에 띄게 달라진다.

솔루션 개발 시 고객의 미 충족욕구와 불만사항을 정확히 확인하고 이를 제대로 충족시킬 수 있는 방법을 제시한다면 해당 솔루션은 공감을 줄 수 있다.

귀사의 제품/서비스에 대한 미 충족욕구는 무엇인가? 이는 솔루션 개발에서 가장 많이 활용돼야 할 사항이다. 특히 미 충족욕구에 대한 보완은 매우 필요하다. 고객의 욕구는 다양하면서도 까다로워졌고, 기업들도 다양한 문제가 얽혀 복잡해지고 해결할 것이 많아졌다. 한두 가지 제안이나 기능을 가진 제품/서비스만으로는 이러한 욕구를 해결하기가 점점 어려워지고 있다. 그 결과 제품/서비스의 종류가 다양해졌다. 한 종류라도 매우 복잡한 제품/서비스 구조를 가지고 있어 개발자, 판매자, 소비자들이 서로 긴장하면서 제품/서비스를 팔고 사고 있는지도 모른다.

최근 신세대들의 소비 현상을 보면 소비 행위 자체가 자기만족감을 극대화하기 위한 것이다. 다른 사람이 뭐라 하든지 간에 자기가 좋은 것을 구매하고 사용한다. 또한 자기를 과시하는 상징성을 보인다. 휴대폰이 비싸도 자기 차별화를 갖출 수 있는 것이면 과감히 구매한다. 모 텔레콤에서 스마트폰을 예약 판매한 적이 있었는데 고가인데도 2만여 명이 예약했다고 한다. 몇 년 전에 백화점에서 PDP-TV를 특별 할인하는 행사가 있었는데 한 달 판매할 물량이 불과 며칠 만에 다 판매됐다. 주로 결혼 혼수품으로 팔렸다고 한다. 다른 것은 몰라도 TV 하나는 제대로 된 것을 갖추겠다는 것이다. 100만 원이 넘는 명품 핸드백은 40세 이상의 여성뿐만 아니라 20대 여성에게도 잘 팔리고 있다. 어떤 학생들은 아르바이트를 해서라도 돈을 벌어 자기가 갖고 싶은 것을 구매하고 있다. 이러한 현상은 기존의 사업 방식으로는 대응하기가 어렵다. 즉, 반드시 고소득층만이 고급품을 구매하는 것은 아니다. 휴대폰, PC 등과 같은 영역의 고급품은 오히려 신세대가 열광한다. 이제 소득, 연령만으로는 정확한 조준이 어려운 것이다. 소비자들의 주관적 가치의 기준에 따른 시장 세분화 작업 과정에서 어쩌면 우리는 기존의 제품에서 배제됐던 새로운 시장을 발견할 수 있을지도 모른다.

어떠한 상황이든 고객의 관심사항이나 선호도를 확인하면 기존 상품으로는 해결하기 어려운 문제가 다수 발생하게 된다. 특히 기존 불만사항과 미 충족욕구에 대한 해소는 우선 해결할 사항으로 대두된다. 이것은 사용하면서 나타나는 불만사항과는 다르다. 미 충족욕구 보완은 과거에 충족되지 못한 가치를 충족시켜 사업을 성공시키는 방법을 말한다. 아이스크림을 먹을 때 '너무 달다'라는 표현은 불만사항이다. 그러나 '달지 않은 아이스크림은 없는가'라는 사항은 미 충족욕구이다.

미 충족욕구를 충족시켜주는 방법은 좋은 사업 기회를 창출하고 복잡한 고객의 요구를 해결해줄 수 있는 빠른 방법 중에 하나다. 미 충족욕구에 대한 뜻을 정확히 이해해 개발이나 설명 시에 정확한 해결 방안을 제시해야 한다.

1단계에서 고객의 문제점을 제대로 발견하기 위해서는 우선 고객을 명확히 이해해야 한다. 즉, 형식적인 대고객 커뮤니케이션이 아니라 전체적인 관점에서 고객의 성과를 명확히 규명하고 이를 저해하는 요인을 파악해야 한다.

많은 기업들이 고객의 목소리를 듣기 위해 다양한 형태로 대고객 커뮤니케이션 채널을 구축하고 있다. 콜센터와 소비자 커뮤니티처럼 온·오프라인을 범용하는 방법, CRM처럼 종합적이며 고도화된 방법, 직접 시장에 나가 중간 딜러나 고객들의 의견을 청취하는 방법 등이 있

표 10_ **주요가치 비교**(고객욕구: 휴양지로 쉬러 갔으면 즐겁게 쉬고 오자)

트렌드 (예)	일반휴양호텔	불만 또는 미 충족 사항		클럽메드
투숙이유	쉰다	며칠 지나면 재미가 없다		즐거움
한국어 사용	대부분 불가	혼자 즐길 수 있는 영역이 좁다		가능
개인별 오락 프로그램	없다	즐길거리가 필요		있다
식사	메뉴구분	맛있는 것이 다양하면 좋다		고급뷔페 제공
놀이 시설	적다	1-2회 사용으로 끝난다		다양
놀이 프로그램	적다(주로 H/W이용)	1-2회 사용으로 끝난다		다양(H/W, S/W 전부이용)
경쟁자	일반 휴양호텔	–		테마파크
이유	쉬는 곳	–		즐기는 곳

다. 그러나 단순히 고객의 목소리를 듣는 것만으로는 고객의 문제점을 정확히 감지하기 힘들다. 해당 고객의 상황과 특징에 대한 면밀한 이해를 바탕으로 대고객 통찰력을 갖춰야만 비로소 고객욕구를 이해할 수 있고, 미 충족욕구 및 불만사항에 대한 분석이 가능할 것이다.

클럽메드는 아침 9시부터 밤 11시까지 다양한 프로그램을 준비해 고객에게 즐거움을 주는 방식으로 새로운 가치를 제공하고 있다.

시장경쟁력 구축 아이디어 검토

문제는 급속히 변하는 시장과 점점 더 까다로워지는 고객이다. 지금의 고객은 과거와는 달리 자신의 의지와 관계없이 밀려드는 많은 정보에 노출돼 있으며, 쉽게 정보를 찾을 수 있다. 제품/서비스 설명을 대충해서는 판매가 어렵다. 확실한 혜택을 제공해야 한다.

고객은 기업에서 누가 접촉을 해오든지 말든지 관심이 없다. 자신이 원하는 좋은 제품을 원하는 가격으로 살 수 있는 솔루션을 제공해주기를 바랄 뿐이다.

커피숍, 편의점, 백화점, 제과점, 피자 가게, TV, 에어컨, 타일, 자동차, 과자, 우유, 라면, 영화관, 의류점, 샴푸, 여행사, 은행, 호텔, 한식 음식점 등 어느 곳 하나 경쟁이 치열하지 않은 곳이 없으며 지금도 시장 점유 쟁탈을 벌이고 있다. 따라서 최근에 프리미엄 제품, VIP 등의 제품/서비스가 출시돼 고급화로 차별적 우위를 구축하려고 한다. 그러나 경쟁사가 유사한 제품/서비스를 바로 출시해 차별성을 둔화시킨다.

이제 단순히 제품/서비스만 공급해서는 안 된다. 처음에 반짝 인기를 얻을 수는 있으나 오래가지 못할 것이다. 제품/서비스의 사용을 통해 좀 더 많은 혜택을 얻을 수 있다면 고객은 그 해당 제품/서비스를 구매할 것이다. 예를 들면, 영화 상영뿐만 아니라 다른 욕구도 같이 만족시켜주는 영화관이 있다면 고객은 그 영화관을 선택할 것이다. 그러나 새로운 영화관이 탄생해 인기를 끌면 비슷한 영화관이 우후죽순처럼 생겨난다. 그 영화관들이 전부 성공할 수 있는가? 그렇지 않다. 고객의 욕구를 만족시키는 방법과 내용이 다르기 때문이다. 비슷하게 모방할 것이 아니라 목표 고객의 특성을 파악해 그들에게 적합한 영화관과 서비스를 제공해야 한다. 영화관은 즐기기 위해 오는 곳이다. 그러나 영화 보기 전에 시간이 빌 때, 또는 그 전에 데이트를 위해 만났을 때 영화관과 주변에서 다양하게 즐길 수 있는 원스톱 서비스_{one-stop service} 제품이 있다면 고객은 해당 장소에 더 많은 관심을 갖게 될 것이다. 이것이 비즈니스 솔루션 모델이다.

이제는 실천을 해야 한다. 귀사에 적합한 고객욕구, 불만사항, 미 충족욕구를 파악하면 지금도 늦지 않고 해당 사업의 활성화 방안을 찾을 수 있다.

다음의 예를 보자.

카레는 커피를 조금 섞어서 요리하면 맛도 좋아지고 색상도 좋아 먹음직스럽게 보인다(새로운 가치＝맛이 좋다＋먹음직스럽다). 이때 카레 회사와 커피 회사가 같이 한 패키지로 제품을 팔면 고객에게 새로운 가치를 제공할 수 있다. 두 회사가 제안해 공동판매를 한다면 더욱 맛있는 카레 요리 정보의 제공으로 서로 매출이 증대하는 것이다.

또 수험생한테 필요한 스낵(먹는 소리는 수험생의 졸음을 없애준다), 주스(비타민을 공급해 피로를 덜 느끼게 한다), 과자 또는 초콜릿(맛있는 것을 먹으면 기분이 전환된다)을 묶어서 팔면 수험생 부모들은 가격도 따지지 않고 바로 구매한다(새로운 가치: 수험생이 좀 더 공부를 잘할 수 있는 여건을 만들어준다).

한 기계 판매사원은 기계의 성능, 기계 사용 시 얻어지는 이익, 기계 구입 시 활용할 수 있는 자금 소개, 다른 기계와 차이가 있는 이익 등을 제시해 매출을 증대시킬 수 있었다(기계를 구입하는 것보다 사용 시 이익을 정확히 전달해 부가적인 이익 상황을 알려준다).

위 예시를 통해 이제는 우리가 무엇을 해야 하는지, 어떻게 변신을 해야 하는지 알 수 있을 것이다.

일반 산업재는 대개 제품의 특징을 강조하고 경쟁 제품과 비교하며 가능한 한 가격도 할인해서 판매한다. 또한 A/S를 자세히 설명한 후 대금 결제 방법을 협의해 판매할 것이다. 이 방법이 잘못된 것은 아니지만 변화가 필요하다. 고객의 욕구가 달라진 것이 문제이다. 이제 고객들의 욕구는 해당 기계를 구입하면 생산성은 얼마나 높아질 것인지, 실제 잔고장은 적은 것인지 등에 대한 정보와 실제 사례를 알고 싶어 한다. 따라서 제품의 내구연수(같은 기계라도 오래 사용할 수 있는 것이 구입 회사로서는 이익이다), 고장률(고장이 적어야 생산성에 기여하고 제품 생산을 적시에 할 수 있다), A/S 방법(빠르고 정확할수록 구입 회사에 이익이 된다. 그래서 최근에는 아예 기술자를 고정으로 파견하는 회사도 있다), 구입 자금 소개(이자가 저렴한 자금을 소개하는 것도 구입 회사의 이익에 도움이 된다) 등이 세일즈 도구에 첨가돼야 고객의 다양한 질문과 문의에 적합한 답변을 할 수 있다.

당연히 지금 예를 든 방법으로 판매하면 고객이 매우 좋아할 것이다. 즉, '실제 구입 회사에서 이익이 되는 것이 무엇이며 얼마나 되는가' 하는 것이 구입의 쟁점이 되는 것이다. 가격 할인이 중요한 것이 아니다. 할인을 하지 않더라도 해당 회사에 더 많은 이익을 제공하는 것이 더욱 좋은 판매 방법이다. 이를 고객의 실제 어려움이나 문제를 해결해 준다고 해 비즈니스 솔루션이라고 한다.

최근에는 고객에게 진정으로 필요한 가치를 제공해주는 새로운 상품/서비스(솔루션)를 판매하는 선진적인 기업들이 늘고 있다. 제품만 판매하는 것이 아니라 우리의 핵심 제품을 애용하는 고객의 진정한 욕구를 파악, 그들이 원하는 서비스를 같이 제공해 고객의 욕구를 원스톱으로 해결해주는 것이다.

여기서 귀사의 제품/서비스를 주시해볼 필요가 있다. 해당 제품을 쓰는 고객들의 진정한 욕구는 무엇인지, 이를 해결하기 위해 어떤 통합 솔루션 서비스를 제공해야 하는지를 생각해볼 시기이다.

여행 프로그램(예)

첫째, 고객의 활동 행태 및 비용 구조에 대해 완벽한 이해가 필요하다.

- 고객 활동 유형: 고객 유형을 리조트형, 쇼핑형, 탐방형, 염가형으로 구분할 수 있다면 현재, 3년 후, 5년 후에 고객 형태는 어떻게 될 것인가? 아니면 어떤 유형의 고객을 창출해 고정 고객화할 것인가? 고객에게 어떤 종류의 상품을 제공할 것인가?

- 고객가치 이해: 고급형, 중급형, 저가형으로 고객가치를 구분한다면 어떤 유형이 우리에게 수익을 많이 가져다 줄 것인가? 만약 프로그램을 만들어 가능한 저가격에 판매하고 광고를 통해서 불특정 다수를 고객으로 모집한다면 이는 저가격형 사업이 될 수밖에 없다.

그런데 3년, 5년 후에도 저가격형으로 간다면 어떤 여행 상품이 있어야 하는가? 그리고 이익은 얼마나 발생하는가? 현재 방법을 그대로 시행한다면 저가격형밖에는 방법이 없다. 트렌드가 변하고 고객의 새로운 미충족욕구가 나타났는데도 새로운 상품 개발 의욕이 없고 현상유지에 만족한다면 할 수 없는 일이 아닌가?

- 예상 성과: 똑같은 곳을 더 싸게 여행한다면 더욱 좋은 상품이다. 어디서 자고 무엇을 먹고 얼마나 편안한 여행을 했는가에 따라 같은 코스라도 만족도가 다르다. 이제 고객은 만족도를 더 따진다. 특히 젊은 세대들은 더 꼼꼼히 챙긴다.

둘째, 동일한 솔루션으로부터 각 고객들이 얻는 상이한 경제적 이익을 파악해내는 것도 매우 중요하다.

- 맞춤 여행의 개발이 필요: 우리의 목표 고객은 누구인가? 그들에게 필요한 솔루션은 무엇인가? 쇼핑을 원하거나 여러 지역을 돌아보고자 하는 고객에게는 제공되는 정보가 많아야 한다. 이것이 수익을 높이는 방법이다. 또 고객이 얻을 수 있는 만족도를 높일 수 있다.
- 예상 성과: 좀 더 다양한 경험을 제공해 만족도를 높일 수 있다. 다양한 상품 조합 능력, 고객성과에 대한 책임, 유연한 조직구조와 운영체계, 다

양한 공급자, 심지어는 경쟁자와의 파트너십 관리 능력 등도 갖춰 고객

만족도를 극대화해야 한다.

셋째, 솔루션의 가격 전략과 판매 능력이 필요하다.

위크시트 2_ 여행프로그램

구분	자체 상품	A회사 상품	B회사 상품	C회사 상품
기본	휴식형	쇼핑형	탐사형	배낭여행형
변형	휴식+쇼핑	쇼핑+탐사	휴식+탐사	쇼핑+탐사형
등급(비용)	고급	고급	고급	
	중급	중급	중급	
	하급	하급	하급	
성과보증				
목표고객				
고객관리				

위크시트 3_ 상품/서비스 제공(휴식+쇼핑형)

프로그램	제공 서비스	예상 성과	가격	추가·보완사항
휴식형				
쇼핑형				
탐사형				
배낭여행형				
휴식+쇼핑				
쇼핑+탐사				
휴식+탐사				
쇼핑+탐사형				

위 내용들을 한번 채워 넣어보라. 귀사의 사업 방향과 여행 프로그램도 새롭게 바뀌어야 할 것이다.

예를 들어 팬케이크나 와플은 그리 흔치 않은 제품이었다. 또 다른 대체식품이 많아 구매 횟수가 그리 많지 않았다. 그런데 이 팬케이크와 와플에 버터, 잼, 메이플시럽, 그리고 야채, 감자를 곁들여 맛을 내니 한 끼 식사로 충분했다. 이것은 새로운 맛을 찾는 젊은이들에게 어울리는 제품이 됐다. 이 점포는 이제 상권력이 약한 지역에까지 진출해 점포 활용과 고객유치 측면에서 전부 성공한 사례가 됐다.

만약 귀하의 만두에 잼을 발라서 팔면 팔릴까? 아니면 와플과 만두를 같이 판다면 어떨지 생각해보라. 지금은 고객의 입맛이 변하고 다양해지고 있어 이런 시도가 필요한 시기이다.

03

고객가치 중심 개발

고객이 원하는 가치를 나열하고 이 가치들에 대한 자사와 경쟁사의 만족도를 비교해본 뒤, 실제 경쟁력과 고객에게 제공하는 혜택을 확인하면 자사의 제품/서비스의 개선, 보완 방향을 파악할 수 있다.

구체적으로 확인해보려면 우측 변에는 만족 요소를, 좌측 변에는 고객이 필요한 가치를 다뤄 각각의 요소에 적합한 제품/서비스, 점포 등을 기재해보면 더욱 명확한 가치 내용을 확인할 수 있다. 이와 함께 귀사의 현 상황을 한눈에 살펴볼 수도 있다. 새로운 가치를 제공하는 경쟁사의 제품/서비스를 기재해 분석하면 더욱 확실한 필요가치와 경쟁 상대를 찾아볼 수 있다(워크시트 4 참조).

고객가치 중 더 좋은 제품을 제공해 성공한 제품군은 최고급이다. 머리 상태 또는 성분별로 사용할 수 있는 샴푸, 기능성 화장품, 원유 함유량이 많은 아이스크림 등 일반적인 제품보다 성분, 기능, 효과가 다른

표 11_ 고객가치와 만족요소의 연관성 상품(예)

가치 만족요소	보다 좋은 것	확인 구매	나만의 멋(맛) 추구	자신이 격상된 느낌	편리성	효용성
좋은 품질	프리미엄급 상품	샴푸 류	W호텔	명품 가방	도미노피자	크리스피 크림 도넛
가격	중저가 화장품	대형 할인점	패스트 패션 제품	코치 핸드백	편의점 도시락	비즈니스 호텔
구매 편리	더페이스샵	대한제강	이케아	배달	인터넷 쇼핑몰	델 컴퓨터
사용 편리	스마트폰	네비게이션	BB크림	플래티니엄 카드	레토르트 식품	시스템 책상
제품 다양성	백화점	CGV 영화관	스타벅스 커피샵	명품숍	워터파크	ABC마트
감성 느낌	버터핑거 팬케이크	소니 TV	태양의 서커스	할리데이비슨 오토바이	스파숍	틴타이펑
서비스 수준	싱가포르 항공	고급호텔	클럽메드	호텔 커피숍	Mall	인천공항

제품이 그것이다.

제품의 질은 별 차이가 없으면서 다른 요소를 차별화해 인기를 얻은 것도 있다. 대표적인 것이 중저가 화장품점이다. 중저가 상품을 판매하면서 고가제품을 파는 것처럼 고급스러운 인테리어를 갖추고 제품 선정에 대한 조언을 해주는 등 고급 점포에서 제공하는 서비스를 하는 것이다.

품질도 좋으면서 사용이 편리한 것에는 최근 인기를 얻고 있는 스마트폰이 해당된다. 그리고 소형 점포에는 편집숍이란 것이 있다. 전에는 시계를 구입하려면 해당 브랜드 점포에 가야 했는데 고객의 욕구가 다양해지자 여러 개의 브랜드를 한 곳에 모아놓고 고객의 기호와 구입율을 높이고 있는 것이다.

이런 점포는 패션의류점에도 있다. 의류, 신발, 가방 등을 갖춰놓고 고객의 욕구에 적응하고 있다. 제품을 더욱 맛있고 구매하기 좋게 제공해 성공한 점포도 있다. 팬케이크와 와플을 전문으로 파는 점포는 이를 버터, 야채, 잼 등과 같이 혼합해 훨씬 맛있게 만들어 인기를 끌고 있다.

좋은 기내 서비스를 제공해 인기를 얻고 있는 항공사도 있다. 싱가포르 항공사가 그 한 예다. 이처럼 고객가치 중심으로 제품/서비스를 개발해 성공한 사례들이 많다. 서비스는 판단하기 어려운 경우가 많지만 이처럼 비교해보면 바로 알 수 있다.

그러나 고객가치는 고객에게 관심을 기울인다고 저절로 발견되는 것이 아니다. 고객가치를 찾아내기 위한 체계적인 장치가 필요하다. 또 고객가치를 발견했으면 이를 상품으로 개발해 고객에게 판매해야 한다. 따라서 고객가치의 발견에서부터 구현, 전달에 이르는 전체 비즈니스 시스템을 고객 중심으로 구축하고 활용하는 것은 고객 중심 기업의 필수조건이다.

가치를 중심으로 자사와 경쟁사 또는 경쟁사가 아니더라도 신 성장 기업의 특징을 표시(A 회사, B 회사, C 회사 등)할 수도 있다. 또한 가치에 대한 판단이 매우 중요한데, 만약 다른 업종에서 배달 제도를 도입해 인기를 얻고 있다면 귀사도 검토 시 배달 항목을 넣어 그 이용과 효과

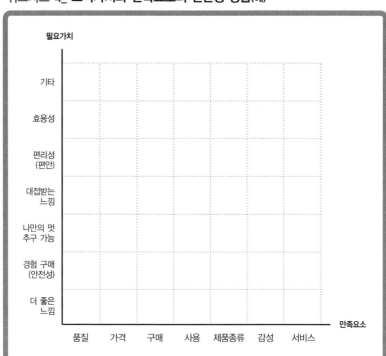

를 확인해 도입할지를 생각해야 한다. 워크시트 4를 이용해 귀사의 제품과 시장 리더 제품의 차이를 고객가치와 만족요소와의 상관관계에 표시해 보면 경쟁우위의 가치를 파악할 수 있고 해야 할 일도 정리할 수 있다.

먼저, 필요가치를 살펴보자.

- 더 좋은 것: 몸에 좋은 것, 더 맛있고 멋있는 것을 우선 선택
- 경험 구매: 실제 느껴보거나 확인해보고 구매하는 것
- 나만의 멋: 자기만의 특징을 나타낼 수 있는 것, 자기에게 좋은 것

- 대접받는 느낌: 사용하면서 자존심 또는 기분이 나아지는 것을 선호

- 편리한 것: 편안하고 편리하게 해줄 수 있는 것을 선택

- 효용성: 같은 가격 또는 더 비싸도 더 좋은 것, 편안한 것, 즐거운 것에 대한 선호

만족 요소는 아래와 같다.

- 품질 수준: 제품이 주는 기본적인 제품 요건
- 가격 수준: 저렴, 프리미엄, 고가
- 구매 편의: 장소, 시간, 방법, 결제 기능
- 사용 편리: 기능, 방법, 이동성
- 제품 다양성: 제품 종류
- 감성 느낌: 색상, 크기, 디자인
- 서비스 수준: 실내 환경, 점원 서비스

일반 소비재

실제 제품/서비스가 제공하는 가치와 경쟁사의 특징을 확인하고 이를 중심으로 구매 요인을 확인해보자. 해당 사항에 대한 내용을 적으면서 비교해보면 좀 더 정확한 해결 방법을 얻을 수 있다.

먼저 품질은 기본이다. 만약 품질 자체에 어려움이 있다면 그 제품과 서비스는 판매하지 않는 것이 낫다. 매출을 통한 제반 비용을 회수하기 전에 출품비용이 더 많이 소요돼 손해를 보며 나아가 시장에서 이미지

위크시트 5_ 소비재의 제공가치와 구매요인

	귀사의 제공가치	경쟁사제공가치/차이 분석	고객구매요인(wants)
H/W적 가치			
품질			
크기			
휴대성			
무게			
기능			
모양			
디자인			
다용도			
이동성			
견고성			
색상			
가격			
S/W적 가치			
혜택			
권위			
감동			
느낌			
편의			
기쁨			
설렘			
쾌적			
사용성			
절약			
편리			
신속			
기술성			
첨단			
A/S			
운영비 절감			
기타			

도 하락해 여러 가지 불리한 요소만 얻게 된다.

　H/W 측면에서 품질의 차이가 그리 없다면 휴대성, 기능, 디자인이 중요하다. S/W 측면에서는 기술성, 혜택, 편의성, 느낌 등을 잘 갖춘

제품이 인기가 높다. 가격은 그 다음이다.

현재의 혜택과 고객의 욕구를 아래의 척도로 적어보고 차이점을 분석한 후 실제 해결점을 확인해보라(워크시트 5 참조).

매우 크다/많다(7) 대체로 크다/많다(6) 조금 크다/많다(5) 보통이다(4)

조금 작다/적다(3) 대체로 작다/적다(2) 매우 작다/적다(1)

부족한 사항, 불만족한 사항 등이 많이 나타날 수 있고 경쟁사도 비슷한 현상을 보일 수 있다. 경쟁사도 그러니 우리도 비슷한 경영을 하자는 생각은 해당 경영자가 있을 때까지는 존재할 수 있다. 그러나 회사는 계속 발전해야 하는데 이후의 사업은 어떻게 되겠는가? 좀 더 멀리 내다보는 경영이 필요하다. 그것은 공정하고 정확히 예측한 사업 방향이 돼야 할 것이다.

위의 가치 중 고객에게 필요한 가치를 갖춘 제품/서비스를 찾아 시장점유 확대와 회사 발전의 토대를 갖출 수 있는 객관적인 의사결정 툴이 필요하다.

★ 체크 항목

· 시장의 변화 흐름에 우선적으로 적응해야 할 사항
· 고객이 감성적으로 필요로 하는 요소
→ 두 결과로 확인된 사항에 대한 자기 회사의 의견

커피 사업의 비즈니스 솔루션

　많은 사람들이 알고 있는 사실이지만 우리나라에서 만들어서 판매하는 커피인 커피믹스가 있다. 이 커피믹스가 탄생한 이유는 커피, 설탕, 프림을 일일이 타서 먹는 것이 귀찮고 이 세 가지를 모두 구비해놓아야 하니 번거로웠기 때문이다. 그래서 커피믹스는 출시되자마자 많은 인기를 얻었고 나아가 세계적인 인기 제품이 됐다.

　커피믹스가 인기 있는 이유는 무엇일까? 그것은 맛, 편리성, 저렴한 가격 때문일 것이다. 즉 일반적으로 좋아하는 일명 '다방커피'를 모방해 만든 맛과 어디서든지 쉽게 만들 수 있고 가지고 다닐 수 있는 편리성, 그리고 저렴한 가격이 그 인기 요인이다. 이중 가장 중요한 기능인 편리성은 인기를 높이는 데 많은 공헌을 했다.

　위와 같은 내용이 고객의 문제를 해결해주는 가장 기본 단계이다. 커피믹스는 맛과 편리성 등을 가미한 혁신적인 제품으로 지금도 인기를 얻고 있다. 이런 방법이 최근에는 많은 발전을 해 사업 문제를 해결하는 기본 방법이 되고 있다.

　커피 사업을 하는 회사는 좋은 원두를 저렴하게 구입하려 할 것이며 커피 음료를 파는 사람은 보다 맛있는 음료를 개발하는 데 필요한 원료를 구입하려 할 것이다. 가격도 더 저렴한 것을 구매하려 할 것이다. 그러나 커피 공급자들이 증가해 경쟁이 치열해져 커피 원두의 질과 가격만으로는 경쟁우위를 구축하기 어려운 상황이 됐다.

　그러면 이 원두 판매 회사의 경쟁력은 무엇이어야 하는가?

　커피 음료 사업에서 원두의 가격은 전체 비용의 10~20퍼센트에 지나지 않는다. 나머지에는 인건비, 임차료, 청소시간, 감가상각, 필터비용, 전기와 물의 사용량, 커피 찌꺼기의 처리 등 커피 음료 제조와 관련된 모든 비용이 포함돼 있다. 하나의 예로 커피의 20퍼센트가 폐기물이라면 이를 줄일 수 있는 방법을 찾아 경쟁력을 갖출 수 있을 것이다. 이제는 커피 구입에서 폐기물 처리까지 여러 진행 단계(이를 가치단계라 한다)를 검토해 차별적 우위를 갖춰야 하는 것이다.

① 커피 사업 가치단계: 원두 재배(원두 재배 회사) → 원두 구입 → 원두 가공 → 가공 원두 판매(원두 판매 회사) → 가공 원두 구입 → 에스프레소 커피액 추출 → 다른 재료와 혼합 판매(커피 음료 판매 회사)

② 커피 원두 재배 사업: 커피 맛과 가격을 결정하는 요인으로 재배 장소, 시기, 재배량 등이 주요 경쟁 요소

③ 원두 및 가공 판매 사업: 커피 원두만 파는 것과 원두를 실제 사용할 수 있도록 가공, 또는 볶아서 판매하는 사업

④ 커피 및 음료 판매 사업: 인스턴트커피, 커피 음료 등을 대량 판매하는 유통점, 인스턴트커피 또는 분말 원두를 이용한 커피 음료 판매점, 원두 커피를 직접 가공해 자기 점포만의 맛을 창조해 판매하는 커피 음료 전문점 등으로 구분할 수 있다.

위 세 사업자는 커피를 팔지만 사실 사업 방법은 완전히 다르다. 원두 재배자는 좋은 원두를 잘 재배해 좋은 품질의 원두를 만들어 원두 판매 회사에 팔면 된다. 원두 판매자는 원두를 직접 또는 가공해서 팔면 되는 것이다. 그리고 커피 음료 판매자는 커피를 맛있게 만들어 고객에게 제

공한다. 이때 각 단계에서 사업을 영위하는 회사들이 고객에게 제공하거나 가져야 할 능력(핵심역량)이 있어야 사업을 할 수 있는 것이다. 다음의 표 12에서 경쟁력에 대한 사항을 보면 더욱 이해가 빠를 것이다.

고객(커피 구입자)이 생각하는 경쟁력은 달라지고 있다. 고객의 고민을 해결해야 하는 것이 거래의 기본 방향인 것이다. 원두 및 가공 판매자의 경우 지금까지는 좋은 품질의 커피 원두를 적절한 가격으로 적시에 제공하면 자기 할 일을 한 것이다. 그러나 앞으로는 커피 음료 회사의 보이지 않는 업무의 문제에 대해 해결 방법을 제시하지 않으면 거래의 경쟁력에서 뒤처질 수 있다. 커피 음료 판매 회사는 가능한 품질 개선과 이익 증대를 위해 지속적인 노력을 하고 있기 때문에 커피 원두 회사와 같이 매출 증대, 품질 개선, 경비 절감, 생산성 향상에 대한 고민을 해결할 수 있다면 그만큼 혜택을 받는 것이다. 이제는 비 가격경쟁에 대한 방안을 가지고 있어야 거래를 지속할 수 있다. 과거에는 그러지 않았거나 가격을 더 깎아줬다는 등의 상투적인 이야기로는 거래를 지속할 수 없다.

예를 들어 만약 커피 맛은 좋은데 찌꺼기가 많이 발생해 처리비용이 많이 소요된다면 거래 회사가 재구매를 할 수 있을까? 또 아메리카노만 팔았을 때는 품질의 차이가 구분이 돼 우리 제품을 많이 팔았는데 카페라테, 카푸치노, 카페모카 등 우유, 초콜릿 등을 섞은 커피는 별 차이가 없다고 가정하자. 그러면 고객 회사는 구입 회사를 변경할 가능성이 높아 귀사의 매출 감소 요인으로 작용할 수 있을 것이다.

이에 대한 검토와 대비책 또는 다른 문제 해결 방법을 제시해야 거래를 계속 유지할 수 있다. 만약 귀사가 커피 찌꺼기를 처리해준다고 한

표 12_ 커피사업 가치단계별 제공가치

가치단계별 특징	용도변화	사업재정의(방향)	기존 경쟁력 (제공가치)	앞으로의 경쟁력 (제공가치)
커피원두	원료	재배업	원료의 품질 /판매가격	품질(맛, 가공요소)
원두가공, 판매	품질	가공, 판매업	맛, 가격, 품질 (가공법)	가격, 품질, 가공법 보존기간 및 관리 방법, 사용량, 찌꺼기 양
인스턴트 커피	기호품	제조업	구매빈도, 가격	맛, 편의성, 가격
커피숍	대화의 매개체	서비스업	맛, 사용빈도	분위기, 위치, 서비스
커피 전문점	문화	감성, 체험사업	문화, 분위기	문화, 분위기, 용도 증가

다면 귀사는 거래는 유지할 수 있다. 하지만 처리비용이 비용 추가 요인으로 작용해 귀사의 이익 증대에 영향을 미칠 것이다.

그 외 적은 양으로 원두커피의 맛을 더 높일 수 있는지, 가공하는 데 시간이 덜 소모되는지 등을(표에서 '앞으로의 경쟁력' 내용) 확인해 커피 음료 회사에 제시해 더 완벽한 원두 사업의 체계를 갖춘다면 경쟁력에서 우위를 구축할 수 있다.

그 결과 귀사도 커피 찌꺼기가 적은 원두 구매를 위한 새로운 전략을 수립할 것이다.

이처럼 고객의 욕구가 더욱 다양하고 심화되고 있어 이에 대한 대비 전략을 가지고 있어야 한다. 이것이 최근 사업 영위의 경쟁력인데 이런 방법을 솔루션이라 한다. 단순히 제품/서비스의 특징과 기능만 파는 것이 아니라 제공할 수 있는 전부를 팔아 고객에게 혜택을 줘야 경쟁우위를 구축할 수 있다.

즉, 고객이 불편하거나 부족하게 느낀다든지, 새로운 방법에 대한 고민을 하고 있다든지, 좀 더 나은 내용을 찾고 있다든지 등 고객이 현재보다 더 개선, 절약, 편리, 향상이 되는 무엇인가를 얻으려고 하는 데 대한 해결 방법을 제시한 것을 솔루션이라 한다.

앞으로도 이런 상황은 계속될 것이다. 그리고 누군가가 새로운 방법을 제시해 인기를 얻을 것이다. 지금 우리도 이런 방법을 연구해야 한다. 이 방법을 찾는 것은 그리 어렵지 않다. 중요한 것은 관심과 노력을 기울여야 가능하다는 것이다.

커피숍은 좋은 원두를 제공하며, 커피 맛과 분위기가 좋아서 인기가 있다. 커피를 제공하는 기업은 커피 회사의 커피숍 경영 이익에 도움이 되는 커피 추출비용과 소요시간, 커피 절약 방법, 커피 찌꺼기 활용 방법 등에 대한 새로운 아이디어 및 정보를 제공하고 해결해줘야 해당 문제를 해결할 수 있다. 다음은 커피 구매 회사의 커피 사용 시 검토 기본 사항이다.

- 맛: 커피 맛을 높이고 맛을 지속적으로 유지시키는 요소
  ② 끓이는 온도, 소요시간에 따른 맛의 변화 정도
  ③ 첨가물의 농도, 분량에 따른 맛의 변화 정도
- 생산성 증대: 커피를 사용하는 종업원들의 생산성을 높일 수 있는 요소
  ⑤ 커피를 끓이는 시간을 가능한 짧게 한다.
  ⑥ 커피를 끓이는 단계를 축소한다.

⑦ 커피 기계 청소의 수월성과 청소시간을 적게 소요한다.

- 비용 절감: 실제 커피 판매 시 비용을 절감할 수 있는 요소

① 커피 원두를 비교적 저렴한 것으로 구입한다.

⑧ 커피를 끓일 때 소요되는 물의 양을 감소시킨다.

④ 커피 사용량을 감소시킨다.

⑨ 커피를 내릴 때 사용하는 필터의 사용량도 감소시킨다.

⑩ 커피 찌꺼기의 양이 적어야 한다.

- 기타: 간접적으로 사업에 영향을 미치는 요인

⑪ 커피 찌꺼기를 재활용하는 방법으로 쓰레기 처리비용을 줄여야 한다.

위의 내용에서 번호는 사업 시의 중요도순을 나타내기 위한 것으로 번호가 우선일수록 더욱 중요하다. 즉, 가장 중요한 것은 역시 원두의 가격이며, 필요하지만 중요도가 낮은 것은 11번의 커피 찌꺼기 처리비용이다.

위의 내용은 매우 이론적인 수준의 검토로 실제와는 조금 다를 수 있다. 그러나 이 정도의 준비를 갖출 수 있는 자세가 매우 중요하다(표 8 참조).

귀사의 커피 원두는 어떤 특징을 가지고 있으며 다른 경쟁 제품과 무엇이 다른가를 확인할 필요가 있다. 고객에게 가격만 제시하는 것이 아니라 전체적으로 얻을 수 있는 혜택을 제공해 커피 판매 거래처를 증대하고 유지해야 한다. 또 원두를 구매할 때도 위의 내용을 활용할 수 있게 원두 선택 기준을 변경해 보다 성과가 있는 원두를 확보해야 한다.

이제 원두커피 사업자는 커피 음료 판매자의 원가, 맛, 업무 단계, 시간, 폐기물까지 관리하는 문제 해결자가 돼야 한다.

워크시트 6_ 커피 사업의 가치구조와 경쟁우위 요소 검토

기존 가치구조	추가 가치(예)	제공할 차별적 가치
• 커피원두 재배계획 • 커피원두 재배 • 원두 구매 및 가공 • 원두 판매 • 원두 구매 　– 가공커피 판매회사 　– 커피상품 판매회사 • 저장 • 원두볶음 • 연구개발 • 커피생산 • 커피음료판매 → 직영 유통점 　– 제품 　– 고객서비스 제공 　– 점포 분위기 　– 점포 내 활동 • 서비스 → 배송전문회사 • 광고 및 판촉활동 → 마케팅전담회사(마케팅전문회사) 　→ 광고, 판촉활동 전문회사 • 찌꺼기 폐기 수선 및 A/S		

　가격경쟁을 피하기 위해 직원들이 단순 서비스 제공자가 아닌 물류 컨설턴트의 역할을 담당할 수 있도록 교육하기도 한다.

사례 2 여행업의 비즈니스 솔루션

　여행 사업은 유망 산업인가, 쇠퇴 산업인가?

　질문이 잘못되면 답변도 잘못된다. 위와 같은 질문은 우매한 질문이라 할 수 있다. 사람들은 만나면 이런 질문들을 많이 한다. 그러나 자기하기 나름이지 유망, 쇠퇴 산업으로 구분할 수는 없다. 물론 새롭게 탄생하는 산업은 초창기에 시장 진입, 확대 등으로 사업을 영위하기가 비교적 쉽고 오랫동안 할 수 있어 전망 산업으로 생각하는 것이 일반적이다. 그렇다면 전부 신사업을 해야 할까? 보통 성숙기 시장을 지나면 수익성이 낮아지고 경쟁도 심해 판매, 이익창출이 상대적으로 어려워진다. 이런 시장에 새로운 사업으로 진입하면 성공률은 그만큼 낮다.

특히 여행사의 업무는 그리 어렵지 않아서 몇 년 근무하면 창업을 할수도 있어 경쟁이 치열하다. 게다가 온라인을 통해 필요한 정보를 습득할 수 있기 때문에 여행사를 필요로 하는 소비자들은 점점 감소할 것이다. 그렇다고 여행사가 전부 없어진다면 매우 불편할 것이다. 어느 사업이나 성공률의 차이는 있으나 기회는 있다.

다시 성장 산업으로 진입하기 위해 이것을 검토해보자. 여행에 대한 고객들의 욕구는 변하고 있고 앞으로도 계속 변할 것이다. 소득이 높아지고 경험이 많아질수록 고객들은 새로운 가치, 혜택을 얻으려고 하고 여행도 더욱 아름답고 좋은 곳으로 가려고 한다. 따라서 고객들의 새로운 가치를 검토해보면 자기만이 원하고 자기만족을 증대시킬 수 있는 곳과 방법을 찾고 있다는 것을 알 수 있다.

전문적이고 즐거움을 높일 수 있는 맞춤식 여행 프로그램을 제공해주면 고객의 만족도는 높아진다.

① 여행 상담: 목적과 방법, 내용에 따라 정보를 제공한다.
- 목적(휴식, 특정 장소 탐방, 쇼핑, 먹을거리, 골프, 학습, 기타 등)
  - 휴식: 안마, 스파 등
  - 특정 장소 탐방: 카페, Theater Restaurant, 술집, 노래방 등

– 쇼핑: 명품점, 토산품, 의류 및 잡화, 지역 유명 토산품 점포, 명품 유사 제품점 등

– 먹을거리: 해산물(게 전문점, 참치 등 특수 어종 전문점, 해산물 즉석 요리점 등), 지역 특선 음식점, 면 요리 전문점, 고기 요리 전문점, 지역 음식

워크시트 7_ 여행사 비즈니스 역량분석(현 일반여행사 → 전문 여행사로 변신)

주요 역량	현상 확인	예정방향	보완사항	가능성(문제점)
• 기본적인 자산 – 관광지 정보보유	10개국 25개 지역정보 보유	7개국 20개지역 세부정보 보유	8개 지역 세부정보 입력	몇 개 지역은 공동사업화
– 핵심역량	전문가이드 보유	전문가이드 확대	전문가이드 교육	가이드 직접고용
– 브랜드	미흡	전문브랜드 인지	전문브랜드 안내	광고, 홍보
• 고객관계 – 고객확보 시간 및 비용을 절감	별로 없음	기존 여행자 의견조사	필요 시 개별 마케팅 실시	고객분리작업 가망고객 확보
가격대비 만족도	높은 편			
– 신 상품에 대한 프리미엄 가격 책정	경험 없음			
– 다른 수준의 고객 관계 유지	별로 없음			
• 시장 포지셔닝 – 회사이미지 – 경쟁상태 – 진입장벽 – 변신노력도				

• 기업네트워크
– 고객거래정보
– 사용자 커뮤니티
– 거래흐름: 전략적 네트
  워크에서의 자리를 잡
  고 있어 신규사업 아이
  디어와 기술을 독점
예: 맥도날드, 시스코시스
템 등				

종합점 등

    – 골프: 골프장별 특징, 골프 장비 임대 방법과 장소, 가격, 골프 학교 소개

    – 학습: 영어, 골프, 요리, 특산품 및 특수품 제조, 기타 특수 기술 학원

      (필요 시 개설)

    – 기타: 수영, 스킨스쿠버, 등산, 하이킹, 일반 운동시설 이용 등

- 방법(자유여행, 가이드 제공)

    – 자유여행: 여행 코스만 가르쳐주는 방법

    – 전체 가이드 제공: 전 일정에 가이드를 제공하는 방법

    – 자유여행과 부분 가이드 제공: 부분적으로 가이드를 제공하는 방법

- 내용(특급, 일급, 일반, 저급 상품 안내)

    – 특급: 상품별로 숙박, 음식, 차량, 쇼핑, 휴식, 가이드 제공이 고급인 경우

    – 일급: 상품별로 숙박, 음식, 차량, 쇼핑, 휴식, 가이드 제공이 보통인 경우

    – 일반: 상품별로 숙박, 음식, 차량, 쇼핑, 휴식, 가이드 제공이 저렴한 경우

    – 배낭여행(저급): 배낭여행용 상품 준비

    – 기타: 위의 혼합 내용이 필요하다.

② 여행지 활동: 해당 지역을 미리 검토해 거리, 접근 방법, 음식점(맛, 향료, 냄새 등), 판매점(제품의 질, 가격, 서비스, 할인율 등), 기타 지역도 세밀하게 안내한다. 필요 시 경찰서, 피난처 등의 정보도 제공한다.

- 안내(가이드 활용: 전체, 부분/자유여행)

    – 식당(정보 제공, 가이드 안내)

    – 쇼핑(정보 제공, 가이드 안내)

    – 학습(정보 제공, 가이드 안내)

    – 골프(정보 제공, 가이드 안내)

－ 기타(정보 제공, 가이드 안내, 위의 혼합 내용)

이제부터 고객들은 가능한 자기 취향에 적합한 여행 프로그램을 찾을 것이다. 그래서 자기만의 만족도를 높이기 위해 나름대로의 여행 계획을 필요로 한다. 그런데 이것은 고객들에게 필요한 욕구이지 실행하는 데는 어려움이 있다. 대부분의 외국여행 지역은 대화가 안 통하는 경우가 많으며 특히 지리를 몰라 여행 계획을 세우기가 어렵기 때문이다.

여행 경험자, 해외출장 경험자들은 향후 어떤 여행을 원하고 있는가? 이를 알기 위해서는 고객들의 과거 여행 경력을 검토해보고 이번 여행에 대한 추천과 자문을 통해 고객의 문의사항에 해결 방법을 제시해야 한다. '우리 여행 팀에 적합한 맞춤 여행은 없을까?'라는 생각을 가진 고객들에게 여행 자문과 맞춤 여행 정보를 제공하는 사업은 가능한가? 수익원은 어디서 찾을 것인가? 지금부터 새로운 영업 방법이 필요하다. 여행의 가치 즉, 좀 더 편안하고 자기 욕구에 적합한 여행 상품을 찾는 고객들이 증가하고 있으므로 이에 대한 준비도 갖춰야 한다.

단순히 여행 프로그램을 소개하는 것이 아니라 가고 싶은 곳, 머물고 싶은 곳, 맛있는 음식점, 쇼핑 장소, 쉬고 싶은 곳 등 고객이 원하는 곳을 소개해 고객의 만족도와 회사의 수익률을 동시에 높이는 것이 회사의 궁극적인 목표이다. 이러한 사업방법이 비즈니스 솔루션의 한 가지 방법이다. 즉, 비즈니스 솔루션을 위한 준비를 해야 한다. 이것이 여행사 경쟁력의 원천이 될 것이다.

• 고객가치: 전문화된 개인 맞춤식 여행 상품이 개인별 효익이 크다.

– 귀사는 어떤 경쟁우위 요소를 보유하고 있는가?

– 부족한 경쟁우위 요소는 무엇인가?

– 귀사가 경쟁우위를 갖추는 것이 고객수요에 대응하는 것과 어떠한 관련이 있는가?

그러나 서비스 상품을 판매할 때 가장 중요한 것은 상담자의 재능이다. 얼마나 이해하기 쉽게 설명하느냐가 문제이다. 대부분 경험이 있는 회사들은 자기만의 노하우를 보유하고 있다. 그런데 이를 정확히 표현하지 못하는 데 문제점이 있는 것이다. 좀 더 훈련되고 전문화되고 친절한 직원을 양성하는 것이 필요하다.

표 13_ 여행업의 가치이동(새로운 욕구)

구 분	기존여행사	새로운 욕구	솔루션 여행사	기존 여행사
기본목적	즐거움 제공	개별 즐거움 증대	보다 깊은 즐거움 제공	즐거움 제공
상품내용	대중화	자기만의 상품	전문화	분야별로 전문화
고객특징	일반소비자	동호인, 친구 등		
상품종류	많다	자기만족용	적다	적으나 실속과 즐거움은 높다
프로그램	공동내용	자기선호용	맞춤내용	맞춤을 통한 만족도 증대
	범용성	특수성		
고객만족	공통만족	자기만족	높다	
전문지식수준	낮다	전문성 필요	높다	
브랜드인지도	높다	관심이 적다	낮다	브랜드보다 상품력, 친절성이 필요
여행상담	단체	동호회, 개인	개인	단체 전문상담도 필요
제공서비스	일률적	개별적	개인맞춤	
개인별 이익	적다	많길 원한다	많다	상대적으로 다르나 가고 싶은 곳을 가니 즐거움은 더욱 증대될 것이다
경쟁사	기존여행사	전문여행사	테마파크	개인적 즐거움을 증대가 경쟁력이다

여행사의 역할은 어떻게 변하고 있는가? 단순 여행지 소개가 아닌 개별 만족 증대를 위한 개별 여행 컨설턴트가 돼야 한다. 개인의 취향, 가고 싶은 곳 등의 파악을 하는 것과 동시에 각 여행지별로 고객에게 적합한 프로그램을 구성하고 결정할 수 있는 제반 자료를 보유해야 한다. 이를 활용해 고객의 비용, 만족도 등에 대한 관리를 해야 한다.

산업재

산업재의 경우 고객에게 어떤 혜택을 줄 것인가를 명확히 알려줘야 한다. 산업재는 소비재와 달리 추구하는 사항이 매우 다르다. 일반 소비자에게 필요한 감성적인 측면보다 실제 현실적으로 필요한 이성적인 면을 더욱 중요시한다. 회사의 비용을 얼마나 절감시킬 수 있는지, 생산성 증대에 효과가 있는지 등 성과를 얻을 수 있는 내용이 중요한 것이다. 따라서 다음과 같은 내용을 면밀히 검토할 필요가 있다.

- 원가를 절감할 수 있는가?
- 더욱 좋은 품질을 달성할 수 있는가?
- 고객에게 필요한 혜택을 더욱 많이 제공할 수 있는가?
- 더욱 많은 수익을 얻을 수 있는가?
- 회사 업무의 시너지효과를 높일 수 있는가?

비용에 관한 부분은 더 세밀하게 검토해야 하며, 다음 내용의 자료를 충분히 갖추고 있어야 한다.

워크시트 8_ 산업재의 가치분석과 경쟁력

구분	세부내용	경쟁우위요소	회사의 장점	시장경쟁력
생산	생산비 절감			
	생산단계 축소			
	생산성 증대			
	운영 효율성			
비용절감	구입가격			
	업무단계 축소			
	내구성(고장율 감소)			
	A/S기간			
	A/S비용			
성과도 증대	사용 편리성			
	숙련도 용이			
	작업위험성 감소			
투자회수	투자자본 규모			
	투자회수기간			

- 구매 관련 비용(가격, 구매 전 평가 노력, 구매에 소요된 시간, 서류 작업, 주문 관련 활동 등)

- 소유 관련 비용(이자, 세금, 보험, 보관, 설치, 관리, 감가상각 등)

- 사용 관련 비용(가동 중지, 부품 조달, 교육 훈련, 사용, 교체, 폐기 등)

당연한 것이겠지만 위 사항의 실제 실험 결과에 대한 활용성과가 제시돼야 한다. 구매비용이 부담될 경우에는 자금 활용 측면도 같이 제시하면 더욱 효과적이다.

특히 시장경쟁력 대비 자사 경쟁력이 항상 우위에 있어야 하는 것은 물론이지만 어느 정도 앞서 있는 것은 확실히 알아둬 차후 개발 방향의 지침으로 삼아야 한다.

사무기기의 비즈니스 솔루션

예전 사무기기 회사 영업사원의 일반적인 업무는 제품 판매, A/S, 그리고 관련 소모품을 파는 것이었다. 이는 경쟁사 간에 가격경쟁만 초래하는 결과를 가져왔다. 제품의 질과 가격, 그리고 서비스가 거의 비슷해 경쟁만 치열해진 것이다. 그 결과 저렴한 가격이 소비자들의 구매 동기가 됐다.

가격경쟁은 회사들에게 수익성만 감소시키지 큰 이득이 없다. 따라서 제품 가격의 기본료만 받고 제품을 렌털하는 식으로 설치하고 사용료(A/S 포함)와 소모품비를 받는 형식의 영업 방법을 제공해 경쟁력을 높였다.

이런 방법은 자기 회사 제품을 팔고 이를 통해 이익을 취하는 방식의 영업활동으로, 그렇게 어려운 것은 아니었다. 일반적으로 이런 방법을 제조업체 중심의 영업 방식이라고 한다.

그러나 사용 회사들의 입장에서 봤을 때 처음 구입 비용이 감소했다고 사무 소모품비까지 감소하는 것은 아니었다. 또 업무 생산성 증대 및 사무기기 고장으로 발생하는 업무 지연 또는 기회 손실에서 별로 달라진 것이 없어 사무기기 사용을 자제했다. 즉, 사용 회사들은 지출하는 비용에 비해 업무적으로 개선되는 것이 적었다. 따라서 사무기기 회사들의 매출은 정체가 되는 상황에 직면했다. 기존 방식의 영업 전략에 한계가 온 것이다. 그렇다고 그냥 있을 수는 없는 것 아닌가? 이제 사무기기 회사는 영업 방법을 달리 생각해야 하는 전환점에 서있는 것이다. 그래서 사무기기 사용 회사들의 문제점과 필요사항을 청취하기 시작했다. 제일 중요한 것은 첫째, 회사들의 사무기기 사용비용을 줄여주는 것이다. 둘째는 고장, 소모품 부족 등으로 고객들이 업무 수행에 지장을 받지 않아야 한다는 것이다.

고장이나 소모품의 부족으로 업무 수행에 지장이 없도록 해주려면 어떻게 해야 하는가? 큰 거래처에는 아예 A/S 요원이 상주하는 것이 어떨까? 그러면 고장에 가장 신속히 대응할 수 있을 것이다.

소모품 부족 시에는 어떻게 해야 하는가? 상주 직원이 있는 경우는 수시로 점검해 대처하면 되지만 그 외 회사들의 A/S와 소모품 부족 현상은 어떻게 대응해야 할까?

이에 대해 사무기기 회사들은 '원격진단 서비스(e-메인터넌스)'를 도입해 고객의 문제를 해결했다. 이는 인터넷으로 연결된 복합기 및 프린터를 본사의 서버에서 관리해 신속하고 정확한 A/S를 제공하기 위한 것이다. 프린터나 복합기 사용 문제가 발생하면 실시간으로 서버에 자동 통보돼 서비스센터를 통해 전담 서비스사원 휴대폰이나 PDA로 메시지를 전달, 문제를 해결한다. 획기적인 고객 서비스가 도입된 것이다. 즉, 제품 제공이라는 단순 판매를 벗어나 고객의 문제를 해결해주는 비즈니스 솔루션으로 전환해 총체적인 고객 서비스를 통해 고객의 생산성, 비용 절감을 실제적으로 지원하고 있는 것이다. 물론 부가되는 업무나 부담 등의 이유로 이 서비스를 도입하지 말자는 의견이 대부분일 것이다. 그러나 해결을 해야 경쟁력을 갖추게 된다는 것을 잊지 말아야 한다.

이 서비스는 제품 판매 가격 이외에 별도의 금액을 받고 지원하는 서비스이다. 그러나 고객의 입장에서는 이렇게 지불되는 금액이 업무 정체나 지연에서 발생하는 손해보다 더 적다.

최근의 사무기기는 업무를 지원해 생산성을 높인다. 따라서 총체적이고 시스템적인 A/S 체계를 구축해 고장, 소모품 부족 등으로 업무 수행에 지장을 초래하는 사례를 극소화한다.

> 예) 원격진단 서비스를 도입: 사용 문제 발생 → 서버에 자동 통보 → 전담 서비스사원 휴대폰이나 PDA로 메시지를 전달 → 즉시 출동, 문제 해결

따라서 사무기기 회사는 비즈니스 솔루션·컨설팅 전문 기업으로 변신해 사무기기에 관한 다양한 고객의 문제를 해결해주는 종합적인 서비스를 제공하고 있다.

캐논코리아는 원격진단 서비스를 도입해 웹을 통해 기기의 문제 발생 내역, 소모품 교체 상황, 출력 매수 등을 관리하고 있다. 문서 관련 아웃소싱 서비스FXGS를 위해 컨설팅 서비스 인력을 대폭 보강한 한국후지제록스와 사전출동 서비스PASS를 도입한 신도리코의 비즈니스 솔루션 구축 사례도 같은 맥락이다.

표 14_ 사무기기 사용자의 욕구변화와 제공가치

	초창기	과거	현재
고객욕구	사무기기 필요	구입가격 비쌈	업무생산성 저하
제공가치	양질의 사무기기 제공	분할판매 또는 렌털	즉시 제공 A/S체계 구축
기업역할	품질 우선 제품 개발	고장이 적은 제품 개발 다양한 기능제품 개발	속도 향상, 고장이 적은 제품 개발 즉각적인 A/S체계 구축

한국후지제록스는 완제품 판매보다 e-메인터넌스 매출에 더 기대하고 있다. 현재 e-메인터넌스 비즈니스가 프린터 시장 매출의 60퍼센트를 넘고 있다. 신도리코의 출력기 자산관리솔루션wSDM을 도입한 대림산업의 한 관계자는 "서울 본사와 전국에 흩어져 있는 566대의 사무기기를 네트워크로 연결했다"며 "휴일도 없이 급박하게 돌아가는 건설현장에서 사무기기가 고장나거나 소모품이 떨어져 기기가 멈췄을 때의 불편함이 모두 해결돼 생산성이 크게 향상됐다"고 말했다. 대림산업은 전사적인 사무환경 컨설팅을 의뢰한 결과 지난해 8,400만 원의 비용 절감 효과를 얻었다. 프린터 시장이 비즈니스 솔루션으로 진화하고 있는 것이다(〈전자신문〉, 2007.2.5일자).

이때 영업사원의 역할은 어떻게 변해야 하는가? 분명 예전의 영업 방법으로는 안 된다. 사무기기 제조 회사는 어떻게 바뀌어야 위와 같은 서비스를 할 수 있는가?

처음 제조해서 팔 때는 말 그대로 제조 회사이다. 그 후 렌털해서 팔 때는 렌털 회사인 것이다. 마지막 세 번째는 무슨 회사인가? 이제는 서비스 회사이다. 그러면 일반적으로 추측을 해봐도 제조 회사, 렌털 회사, 서비스 회사가 되려면(이를 전문 용어로 업의 개념의 변화라고 한다) 회사의 경영전략과 영업사원의 활동 내용도 당연히 바뀌어야 할 것이다.

이 같은 회사에서는 사무기기가 비싸서 초기 구입을 어려워하는 회사에 자금을 알선해주기도 한다. 이것도 영업사원의 업무에 추가되고 있다. 회사의 전략이 변하니 영업사원 업무의 진화는 당연한 것이다.

단순한 제품 소개에서 고객이 정말 필요로 하는 서비스를 제공하는 회사로 변신한 결과, 영업 방법도 변했다. 고객의 이익 중심으로 영업을 하게 된 것이다. 이러한 방법을 비즈니스 솔루션이라 하고 영업활동에 사용되면 세일즈 솔루션이라 한다.

회사의 사업 방법이나 영업 방식을 바꾼다는 것은 신규 회사를 세우는 것보다 어려울 수 있다. 기존의 고정관념을 바꿔야 하고 또 행동 및 제반 사용 양식까지 바꾸는 등 많은 변신 즉, 회사 내 혁명이 필요한 것이다.

이와 같이 고객이 필요한 사항을 해결하거나 제안해 판매 증대, 이익 증대를 동시에 해결하는 방법을 비즈니스 솔루션이라 한다(참고로 세일즈 솔루션은 컴퓨터 소프트웨어 판매 시 활용되는 말이기도 하지만 그 본뜻은 차이가 없다. 여기서는 가능한 중간재, 산업재 등에도 활용될 예정이므로 확대된 개념으로 이해하면 된다).

소득이 증가하고 고객의 요구가 많아지며 경쟁이 치열한 상황에서는 고객을 위한 눈에 보이지 않는 서비스나 아이디어가 시장을 이끈다. 이를 찾아서 제공하기 위해 이제 사업 방법이 진화하고 있다.

그러나 기존 사업 방법에 애착을 가지고 있거나 경영자 자신이 기존 방법을 고수하려 한다면 이 책은 그리 필요치 않을 것이다.

복사기 등 사무기계 사업자는 고객의 업무시간을 관리해야 한다. 따라서 사무기기 이용의 편리성, 고장률, 신속한 A/S 제공, 사용비용 부담 등의 관리를 통해 비용 절감 및 업무 생산성 증대에 노력을 해야 한다.

사례 4 자동차 부품 사업의 비즈니스 솔루션

미국의 존슨컨트롤즈 주식회사(JCI: Johnson Controls, Inc.)는 자동차 좌석을 제조하는 회사이다. 해당 좌석을 만들어 적기에 납품하는 것인데, 대부분의 차량 부품을 만드는 회사에는 자본과 노동 집약적인 방식으로 인한 구조적인 비효율성이 만연해 있었다.

자동차 제조는 더 비싸고 기술적으로도 힘든 프로세스가 돼갔으며, 불황기를 극복하기 위해 모델 변경과 내·외장재가 점점 더 다양해지고 고급화되고 있었다. 경쟁력은 고정비용 절감, 자동차 디자인 프로세스 간략화, 유연하고 효율적인 생산 시스템으로의 개선이었다.

제조 논리도 간단했다. 더 안전한 차를 만드는 가장 손쉬운 방법은 더 무겁게 만드는 것이고, 더 연비가 좋은 차를 만드는 가장 쉬운 방법은 더 가볍게 만드는 것이다.

JCI는 일본 업체에도 좌석을 공급하고 있었는데 그들은 여기서 새로운 사업 방식을 배우게 됐다. 일본에서는 자동차업체들이 자체적으로 좌석이나 기어박스 같은 주요 시스템을 만들려 하지 않고 공급업체들에게 일을 맡기고 있었다. 모든 자동차 회사가 제조하는 것이 아니라, 대형 공급업체들이 다른 공급자나 소형 제조업체들로부터 부품과 제작품을 납품 받아서 시스템을 조립해 자동차업체에 공급하는 것이었다. 좌석을 동력전달장치나 전체적인 스타일링처럼 중요한 가치가 부여된 차별화 요소로 보지 않기 때문에 좌석 디자인을 기꺼이 외부에 위탁을 줘서 제조하려 한 것이다.

그 후 일본 업체들을 위해 차량 좌석을 만드는 일이 JCI의 본업이 됐으며 모듈이나 시스템을 조립하다 보니 단순 좌석 납품이 아닌 전체 좌석 부문의 시스템 또는 모듈을 납품하게 됐다. 그 결과 자동차 좌석의 모든 주요 부품들을 디자인하고 생산하는 기술력과 생산 시설을 보유하게 됐다. 전체적인 납품은 자동차 회사의 공정 수와 부품 통합을 통해 부품 수가 줄어들면서 궁극적으로 자동차의 제조원가를 낮출 수 있었다. JCI도 고정비용을 줄이고 높은 생산성을 가져오는 결과를 얻게 됐다.

좌석 전체를 생산할 수 있게 되자 JCI의 다음 목표는 좌석을 디자인할 수 있는 능력을 더해서 고객들에게 제공하는 가치를 한층 더 높이는 것이었다. 좌석은 다른 부분과 상당히 구별되는 하위 시스템이다. 그게 바로 장점이다. 좌석은 자동차의 나머지 부분들과 별개로 조립이 가능하다. 편안한 운전석과 다양한 계기판이나 기어 등을 조작하기 편리한 움직임은 자가 운전자가 증가하는 시점에서 매우 중요한 역할을 했다. 따라서 많은 변화와 아이디어를 창출할 수 있었으며 변형도 충분히 가능한 분야가 됐다.

이후 좌석은 JCI의 전략적 플랫폼으로 사용될 수 있을 만큼 복잡하고 중요해졌다. JCI는 크라이슬러 자동차 좌석의 디자인과 조립을 완전히 도맡으면서 부속물을 통합하고, 부품의 수를 줄였다. 또한 조립이 쉽도록 디자인했다. 개발 과정에서는 디자이너와 공장 엔지니어 간의 협의와 시뮬레이션 테스트를 통해 낭비되는 요소들을 없애, 크라이슬러 자동차는 좌석의 전체 비용을 낮출 수 있었다.

처음에는 구매 부서를 대상으로 판매활동을 했다. 하지만 저스트인타임just-in-time 공정을 도입하면서 실제 업무를 담당하는 엔지니어와 공장 관리자들에게 설명하고 그들이 필요하거나 애로사항을 느끼는 것들을 개선, 보완시켜서 판매하는 법을 알려 주었다. 따라서 제조 공장과 연구 개발, 공정 개선 등을 담당하는 의사결정자들이 느끼는 그들만의 고민을 파악하고 해결하는 것이 주요 업무로 부상했다. 즉, 단순히 제조원가를 낮춰 납품하는 것이 아니라 그들의 업무 개선, 생산성 향상, 경비 절감 등의 문제들을 해결해야 했다. 그것은 생존의 문제였으므로 매우 중요한 역할이 됐다(자동차 산업에서 이와 같은 방법은 이제 과거의 사례가 되었으나 솔루션의 이해를 증대시키는 데는 좋은 사례다).

좌석 시스템 공급업체로의 변신이 처음부터 순조롭지는 않았다. 우선 문제가 되는 것은 하청 관계의 틀이었다. 이 관계는 자동차 회사가 기본 사양을 결정해 공급업체에 가격을 협상하고 주문하면 됐다. 충분히 개선되고 필요한 제품이 제안되는 것이 아니라 전과 같이 가격경쟁 중심 체제가 돼 보다 발전적인 제품 제안이 필요하지 않았던 것이다. 이 관계가 개선되지 않고서는 공장에 가서 기술자, 연구 개발자들과 같이 협의할 필요가 없는 것이고 협의해 결정이 되더라도 다시 입찰을 해야 하니 더 이상의 노력을 할 필요가 없었다. 납품 회사의 시간과 노력에 대한 보상이 없는 것이다.

표 15_ JCI의 변신

구분	기본 업무	1차 변신	2차 변신	3차 변신
사업정의	자동차 좌석 제조	좌석부문 디자인, 제조	좌석시스템 공급회사	차량 내부 통합 인테리어 회사
주요 업무	좌석 제조	좌석 연계부문 제조	운전자 운전 편의성 제고	차량가치 증대
필요 기능	비용 절감	제조사 생산성 생산공정 경비 절감 공헌	운전 난이도 개선 편안한 주행 회사의 생산성 향상, 경비 절감	차량 품위 제고, 탑승자 전체 편리성, 편안함 증대, 회사의 공정 개선 및 생산성 향상

우선 이러한 하청 관계부터 변화시켜야 했다. 진정한 사업, 경제적 파트너가 돼 같이 협의를 하고 개선도 해야 했기 때문이다.

이후 그들과 경영 방식을 연구해 새로운 사업 방식을 발견했다. 하청 관계가 아닌 파트너 관계로 진화한 것이다. 그들은 3개월 동안 가장 중요한 디자인 요구사항들을 공동으로 정의함으로써 서로의 업무를 분담했다. JCI는 그들의 파트너로서, 새로운 제품 개발자로서 역할을 하게 됐다. 그 결과 크라이슬러 자동차의 경우 디자인과 제조에 따르는 골칫거리를 줄이면서 더 값싸고 효율적으로 생산된 좋은 품질의 좌석을 확보하게 됐다.

사업의 변화나 관계를 확장시키려 할 경우에는 해당 고객을 찾아가 그들에게 필요한 사항, 예를 들면 생산성, 경비 절감, 공정 개선, 디자인 변화 등을 도와주면 돌파구가 열린다. 구매부서보다는 현장에서 더욱 자세히 확인할 수 있다. 현장 담당자를 지원해주는 역할이 필요하다.

어떤 경우에는 어린 자녀를 가진 부모들이 TV와 VCR을 뒷좌석에 설치해 아이들이 원거리 여행을 지루해하지 않도록 했다. JCI에서 이런 기능이 설치된 좌석을 개발해 1년에 수백만 개씩 공급하기도 했다.

그 후 자동차 구매 고객의 중요한 구매 요소로 작용하고 있는 '인테리어 시스템'을 창조했다. JCI는 자동차 부품 사업에서 더 이상 기존의 영토만 차지하려고 하지 않았다. 이는 새로운 영토를 창조할 수 있는 기회였다.

디자인과 인테리어, 이 두 갈래 확장의 논리적인 귀결은 JCI의 디자인, 생산, 그리고 조달까지 완전히 좌우하는 형태의 전체적인 인테리어 통합일 것이다. 여기서 인테리어 통합이란 자동차 내부의 인테리어를 전체적으로 새롭게 장식하는 것이 아니라, 고객이 편안하고 편리한 운전 및 탑승을 즐기도록 하는 것을 말한다.

따라서 JCI는 자사의 인테리어 사업 능력을 완성하기 위해 잇따라 기업인수를 하기 시작했다. 트래블 노트travel note는 운전자가 최대 3분까지 음성 메모를 녹음할 수 있어 특정 상황에 대처하는 데 도움이 된다. 또한 플레이 시트play seat는 레고와 다른 장난감들을 담고 있는 뒷좌석의 어린이 놀이이자 모듈로서, 주스 박스와 컵을 고정시킬 수 있다. 또한 글씨 쓰기나 놀이판으로도 사용할 수 있어 자동차에서 느끼는 지루함과 시간 낭비 요인을 제거할 수 있다.

당신이 이루려는 것에 대한 비전을 가지고 있어야 한다. 자동차 시장에는 4,000달러 상당의 인테리어로 치장한 차들도 있다. 스티어링 컬럼steering column(핸들과 스티어링 기어를 연결하는 장치), HVAC(히팅, 배기, 에어컨디셔닝) 시스템, 전기·전자장치 등을 포함한 경우인데, 아직까지는 JCI가 그것들 모두를 만들어내지는 못한다. 하지만 JCI는 리모컨키remote keyless entry 기능과 홈링크, 원격 타이어 압력 감지장치를 갖췄으며 세 가지 무선주파수 송수신기들을 장착한 자동차를 만들고 있다. 참고로 이 인테리어의 가격대는 3,000달러에서 4,000달러 사이다.

JCI가 통합된 시스템으로써 전체 인테리어를 제공한다면 3분의 1의 비용에 하나의 송신기로 동일한 기능을 제공할 수 있을 것이다. 그들은 단순히 현재의 욕구 만족이 아닌 미래의 욕구 만족에 목표를 두고 있다. 자동차 딜러가 주문 요구사항에 따라 바꿀 수 있고 소비자들이 1개 이상을 선택해 구입할 수 있는 교체 가능한 모듈을 브랜드화해 생산할 비전을 가지고 있는 것이다.

전자식 핸들, 전자식 기어, 전자식 브레이크 시스템 등이 인테리어와 차의 나머지 부분들과의 관계를 근본적으로 재정립할 것이다. 20년 전인 JCI의 자동차 부품 사업의 초기를 되돌아보면, 이 회사가 얼마나 크게 성장했는지 숨이 막힐 정도이다.

JCI의 모든 임직원은 전체가 영업사원이고 엔지니어이며 인테리어 감각을 지닌 사람들이 됐다. 자동차 회사의 공장, 구매, 연구 개발 담당자가 미팅 요구나 업무 협의를 하려고 할 때 누구든지 가서 협의를 할 수 있다. 물론 분야의 전문성에 차이는 좀 있었지만 전체적인 업무 수행에는 큰 어려움이 없으며 고객과 미팅 후 자체 업무 협의를 통해 전문적인 분담으로 업무를 마무리하는 것이 체계화됐다.

자동차 부품 제조 회사는 어떤 해결점을 자동차 제조 회사에게 제시하면 그들의 고민을 해소할 수 있을까? 그들은 개별 부품 납품이 아닌 해당 부품군의 전체 조합을 검토해 구입비, 생산성, 사용 기능, 사고 방지 등에 공헌을 해야 한다. 따라서 부품 납품자가 아닌 시스템 관리자가 돼야 한다.

사례 5 비행기 엔진 사업의 비즈니스 솔루션

항공사의 단계별 업무를 보면 우선 중요한 것은 비행기의 구매이다. 비행기가 튼튼하고 수명이 오래가야 매출 증대에 공헌을 한다. 당연히 유지, 보수가 잘되고 비용도 좀 더 저렴해야 수익 개선에 도움이 된다. 그리고 운항 스케줄에 맞추어 가능한 많은 운항을 해야 매출이 증대된다. 고장이 적으며 수리 시 유지비나 보수비용이 적고, 수리 및 보수기간이 짧으면 더욱 좋다.

비행기 구매 시 엔진은 별도로 주문 회사가 선정하게 돼 있어 비행기 제작 회사는 주문 회사가 추천하는 엔진을 가지고 비행기를 만들어서 납품한다. 따라서 엔진 제조 회사는 비행기 구매 회사의 욕구를 확실히 확인해 정확한 특징의 엔진을 만들어 판매해야 한다.

기존에는 엔진의 출력, 무게, 성능, 가격 등이 경쟁의 주요 요소였다. 하지만 최근에는 구매 회사의 비행기 성과 측정 방법이 달라지고 있다. 비행기의 사용 효과 중심으로 변화하고 있는 것이다. 엔진 고장이 발생하면 수리를 위해 엔진 회사에 보내야 하기 때문에 그 기간의 매출 감소는 당연하다.

비행기 엔진 제조회사인 롤스로이스는 좋은 엔진보다 운행에 도움이 되는 엔진, 비싼 엔진보다 고장이 적고 오래 사용할 수 있는 엔진의 필요성을 느끼게 됐다. 하지만 엔진 회사들의 생산, 판매 방식은 변한 것이 없었다. 이 때문에 새로운 사업 방법(솔루션)을 구상해 제공한 것이다.

항공사에서 비행기 운행에 관한 성과를 파악하는 기준이 변하고 있다. 과거에는 기능이 우수한 엔진을 확보해 항공기의 사용을 극대화하는 방향으로 경영 목표를 수립했다. 하지만 엔진 고장이 발생하거나 수리 기간에는 운행을 할 수 없으므로 성과 측정의 변화가 많이 발생했다. 따라서 다른 방법의 항공기 사용을 검토하게 됐다.

그러면 항공사가 필요한 것은 무엇인가? 성능이 좋은 엔진보다는 운항에 도움이 되는 엔진이 더 좋은 것이다(고장, 수리 등에 따른 성과 변동을 줄이는 것이다). 즉, 항공사의 성과는 출력이 좋고 견고한 엔진의 확보보다는, 효율적인 엔진 사용을 통한 전체적인 생산성 증대에 있다(보유보다는 효율적인 사용이 더 큰 목적이다).

효율이란 성능 좋은 엔진을 구입해서 가능한 고장이 적고 오래 사용할 수 있는 것이다. 그런데 비싼 엔진을 구입해 계획보다 효율성이 낮다면 어떻게 해야 하는가?

효율을 높이는 방법을 찾기 위해 비행기 사용에 대한 전반적인 검토를 해봤다.

① 구매 단계: 엔진의 초기 구입에 많은 비용이 소요
② 스케줄링 단계: 엔진의 과다 또는 과소 사용으로 생산성 저하 또는 비용 상승이 유발
③ 운항 단계: 연료비 과다 소모
④ 유지/보수 단계: 갑작스러운 엔진 성능 저하 및 고장 등으로 운행 차질 발생

위 4단계를 5년간 사용한 결과 엔진 구입비의 회수 기간이 계획보다 연장되고 효율성도 높은 편이 아니라는 것이 파악됐다.

그러면 앞으로 어떤 엔진을 개발해야 하는가? 이는 롤스로이스뿐만 아니라 현재 제공하는 최상의 제품보다 더 좋은 제품을 개발해야 하는 모든 설비 제조업체의 고민이다.

롤스로이스는 상호 이익이 될 수 있는 다양한 사업 방법을 검토했다. 만약 1일 10시간 운행을 가정하고 5년 동안 운행 시 항공사의 성과는 무엇인가?

- 15시간×365일×5년＝2만 7,375시간
- 엔진 가격은 약 300억 원(2,500만 달러×약 1,200원)/27,375시간＝109만 5,890원/시간당

여기에 정비, 고장 수리 등을 감안하면 실제 사용 시간은 더 감소해 엔진의 성과는 낮아질 것이다. 따라서 롤스로이스 회사는 사업 방법 전환으로 엔진 사용 시간별 사용료를 받기로 했다. 엔진 제품의 일괄 판매에서 사용 중심의 엔진 가격 정산 방법을 도입한 것이다. 그 결과 제작 회사는 수익을 지속적으로 발생시킬 수 있었다. 사용 회사는 초기 구입비용을 절감하면서 효율적인 운영을 할 수 있게 돼 더 높은 성과를 얻었다. 즉, 상호 이익이 되는 비즈니스 모델을 정립해 성공한 것이다.

이후 롤스로이스 회사는 본사 직원을 해당 항공사에 파견, 상주시켜서 항공사 직원과 같이 비행 계획을 수립하고 엔진 사용 및 유지, 보수를 직접 시행해 비행기의 사용을 극대화했다.

이와 같이 비즈니스 솔루션은 단순히 제품의 이점이나 특징만을 사업의 요소로 강조하는 것이 아니라 거래 회사의 문제점, 업무 가치사슬 등 다양한 내용을 습득해야 한다. 또한 실제 자사 제품이 어떠한 영향과 효과를 제공할 수 있는지를 정확히 파악, 설명해 비즈니스를 성공시켜야 한다. 이런 경우는 회사의 역할이 변하는 등 큰 변신을 요하는 매우 중요한 일을 처리한 것이다. 그렇지 않으면 경쟁에서 또는 고객 회사에게 외면을 당할 수도 있었다.

비행기 엔진 사업자는 이제 자금 알선자(엔진 비용의 부담을 불일 수 있는 자금 소개), 생산성 제고자(비행기의 비행시간을 관리해 불필요한 낭비를

그림 2_ 비행기 엔진 회사의 비즈니스 솔루션 성공 사례

고객의 잠재 Needs 변화

- 고객: 출력이 좋고 견고한 엔진을 원하는 것이 아니다. 효율적인 엔진 사용을 통해 생산성을 높이는 것이 중요하다.

해결 방안

- 엔진 판매→시간당 동력 판매로 전환
- 엔진의 효율적 이용을 위한 전문지식 제공
- 인력 파견으로 사전예방 차원의 서비스 제공

가치사슬	구매	구매	판매/마케팅	운항	유지/보수
점검 사항	구매비용	-내구연수 -비행계획 수립	-운항시간 -횟수 -여행, 임대율	-총 운항시간 -고장률 -연료 효율	-수리 기간 -수리비 -고장 횟수
기존 상황	-엔진 구매 -비용 과다	-엔진 과다, 과소 사용 -생산성 저하 -비용 증대	-성과 증대 필요 -다양한 상품 개발	-운항 극대화 -비용 절감 필요성	-고장, 수리비 지급 -미 운행 손실 발생
불만 개선 사항	비용 감소	스케줄 차질이 적어야 한다	운항의 새로운 해결 방안	성과 극대화 전략 필요	-신속 수리 -비용 절감 -핵심기관 고장 방지
솔루션 제안	구매비용 부담 약화, 스케줄링, 고장, 수리 시 기회손실 발생이 일괄적 해소→엔진 사용 시간별로 비용 청구, 전체 관리를 위한 롤스로이스 회사 직영 마련				

제거), 비용 절감관리자(고장, 점검 등을 수리소로 가져가는 것이 아니라 현장에서 실시해 수리시간, 비용 등을 감소시킴), 나아가 효율관리자(엔진의 모든 사항을 제조 회사가 관리하고 비행기 이용 시 엔진 사용비만 받아 비용 대비 성과를 높일 수 있는 방법 제시) 등의 역할을 하고 있다(참조: 조준일 저, 《솔루션 비즈니스 이렇게 준비하라》, LG경제연구원, 2006).

점포 경영

사례 6 슈퍼마켓의 비즈니스 솔루션

동네 슈퍼마켓의 수익 구조는 할인점의 진출, 사이버 쇼핑몰의 증대 등으로 매출 증대 및 수익 보전이 그리 쉬운 상황은 아니다. 따라서 점주는 조금이라도 저렴한 제품을 구입하려 하고 가능한 리베이트를 많이 주는 제품을 판매하기 위해 노력한다. 그러나 경쟁이 워낙 치열한 상황이라 이 또한 쉬운 일이 아니다. 제조업체 영업사원도 상황은 비슷하다. 월 매출 목표를 달성하기 위해 부단한 노력을 하고 있으나 경쟁사도 쉬고 있는 것은 아니며 고객의 욕구도 다양해 적절한 제품 판매를 하기가 쉽지 않은 것이다.

이 상황에서 가격 할인도 거의 없이 한 번의 노력으로 여러 제품을 같이 판매해 매출과 이익 목표를 달성할 수 있다면 얼마나 좋겠는가?

수험생이 있는 어머니가 슈퍼마켓에 들렀는데 여러 가지 물품을 구매하다가 이런 문구를 발견했다. '수험생에게 필요한 간식'. 그렇지 않아도 어머니는 수험생인 자녀에게 무엇을 사다 줄까 생각하고 있었다.

어머니에게 필요한 것은 수험생이 마음이 답답할 때 기분전환에 도움이 되는 것, 졸릴 때 졸음을 극복할 수 있는 것, 그리고 영양 섭취가 될 수 있는 것이었다. 기분전환에 필요한 것은 시원한 것, 맛있는 것 등이 적당하고 졸릴 때는 소리가 나는 것이 좋을 것이다. 그리고 영양 제공을 위해 비타민이 함유된 것을 선택할 수 있을 것이다.

이런 상황에 적합한 제품은 어떤 것이 있을까? 먼저 소리와 맛을 느끼는 제품에는 스낵이 있다(스낵은 씹을 때 일정 크기의 소리가 난다). 또 주스는 비타민을 함유하고 있는데다 시원해 기분전환에 도움이 된다. 초콜릿 종류도 같은 효과를 얻을 수 있다. 점포에서 이러한 사실을 토대로 해 주스+스낵+과자 또는 초콜릿을 한 세트로 묶어 금액을 책정해 진열했다. 그 결과 예상보다 빠른 회전율을 보였다. 각각의 제품을 팔려면 할인 가격으로 팔아야 했다(예를 들면 1,000원짜리를 각각 할인해 3,000원이 아닌 2,600원에 판매). 하지만 이 세트 상품은 2,900원으로 책정해서 팔았음에도 전보다 판매율이 높았다. 소비자들은 자기에게 필요한 상품일 경우 구입 시 가격을 별로 따지지 않기 때문이다.

따라서 해당 점포는 정가에 가까운 가격의 제품들을 판촉물을 주지 않고도 무난히 판매해 수익률을 높였다. 예전처럼 나열식 진열이 아닌 테마 진열로 할인 가격이 아닌 상태에서 목표 수량을 판매한 것이다. 새로운 판매 아이디어의 성공이다. 이와 같이 고객의 욕구에 적합한 하나의 테마를 정해 여러 제품을 묶어서 판매하면 커다란 노력을 들이지 않고도 정상 가격에 판매할 수 있다.

얼마 전에 어느 슈퍼에서 삼겹살 데이를 정해 판촉을 했는데 의외로 여러 가지 양념과 야채까지 많이 팔려 예상 매출을 훨씬 상회했다는 기

워크시트 9_ 점포경영 가치구조별 차별화요소

구분(기본목표)	세부요소	차별화요소 (상품/서비스 탐색)	경쟁우위 구축내용 (상품/서비스의 특징)
구매 (즐거움 제공)	구매활동 분위기	종류의 다양성 가격의 차별성 좋은 디자인 공주 같은 대우 쾌적한 분위기 구매편리성	
	점 포	점포 위치 이미지(편안, 깨끗, 럭셔리) 구매편리성(동선, 진열, 정보지원) 고객 응대(종업원 복장, 미소, 지식수준, 화법) 이벤트(마일리지, 판촉활동) 온라인 점포 무점포 판매	
배송 (빠르게 정확히)	납품	속도 편의성 적시성 설치편의성	
사용 (체험만족도 증대)	만족도	편리성 효용 권위 재미 품격 고객관리 생산성 비용 절감 업무량 감소	
애프터서비스 (빠르고 정확히)	청구	청구절차의 용이성 간편성	
	고객대응	속도 적시성 소요비용	
폐기/처분 (빠르고 저렴하게)	처리 과정	간편성 처리비용 재활용 환경친화성	

사가 난 적이 있다. 이와 같이 고객이 원하는 제품군을 묶어 하나의 테마를 형성해 팔면 고객, 유통점, 영업사원이 전부 이익을 얻을 수 있다. 이제는 단품식 판매가 아니라 고객이 원하는 것을 한꺼번에 구매할 수 있게 하는 일괄구매가 증대하고 있다.

이와 같이 고객에게 필요한 사항을 제안해 판매 증대, 이익 증대를 동시에 해결하는 솔루션을 제공한 것이다.

효과

① 제품 가치를 높이고 가격경쟁을 극복한다.

단순한 과자, 스낵이 아니라 기분전환에 필요한 기능을 가지고 있어야 한다. 또는 음료수 기능에 영양까지 보충하면 더 효과적이다. 특히 이 제품을 다른 제품과 같이 사용하거나 섞어서 효과가 좋아진다면 고객의 관심은 높아지고 구매량은 증가할 것이다. 특히 단순구매는 가격에 민감하지만 목적구매(특정 목적을 위해 구매를 하는 것)나 충동구매에서는 필요성이 우선이고 가격은 그 다음에 생각하게 된다.

② 구매 종류를 다양화해 구매 객단가를 높인다.

한 가지 제품은 단순히 하나의 가격으로 구매를 하지만 여러 가지 제품을 묶어서 구매한다면 1회 구매 가격은 당연히 증가할 것이다. 그리고 목적구매나 충동구매는 구매 유인 요소가 높아서 구매 빈도가 증가해 보다 높은 판매액을 달성할 수 있을 것이다.

행사 테마와 이미지에 적합한 제품을 조합해 묶음 가격으로 판매하기 때문에 객단가는 당연히 상승한다.

③ 고객에 대한 브랜드 로열티를 확대시킨다.

해당 제품의 기능과 효과가 높게 인식되면 당연히 브랜드 로열티는 증대될 것이다. 그리고 고객이 구매 시 더욱 관심을 가지게 될 것이다. 행사 테마나 이미지로 판매되기 때문에 고객의 신뢰가 조성된다. 해당 행사, 진열 장소와 방법 등에 고객이 익숙하게 되면서 점포, 진열, 세트 제품 등에 대한 브랜드 로열티를 높이고 구매를 유인할 수 있다.

④ 제품 사용을 확대시켜 판매량을 증대시킨다.

제품의 기능과 효과를 인지하게 되면 사용 방법과 사용량을 증대시키기 때문에 구매는 당연히 증대할 것이다.

단순히 제품만 진열했을 때 점포를 이용하는 제조 판매자의 성과는 점점 감소되고 점포 사업주의 수익도 감소하는 경향이 나타난다. 따라서 고객이 와서 일일이 제품을 선택하는 것보다 고객이 원하는 것을 미리 준비해 제시하면 더욱 매출과 이익 증대에 공헌할 수 있는 것이다. 그러면 무엇을 제시해야 하는가? 아침, 저녁, 주말, 계절 등 고객의 상황은 수시로 변한다. 이 상황을 정확히 확인해 고객욕구에 적합한 판매 상품군을 제시해야 한다.

가치에 대한 검토는 일상적인 것이지만 꼭 확인할 사항이다. 점검 내용의 결과가 경쟁사 또는 시장에서 열위에 있더라도 기업과 시장 상황, 제품/서비스에 따라 차이는 있을 것이다. 하지만 지금부터 개선의 노력을 한다면 경영 실적을 높일 수 있는 기회를 얻을 수 있다.

지금까지 가치의 차별화에 대한 이야기를 했는데 이제 귀사가 무엇을 갖춰야 할지 이해했을 것이다. 경쟁의 비교우위를 갖추고 이를 제대로 전달, 유지할 수 있는 체계를 갖춘다면 시장점유 확대에 그리 어려움이 없을 것이다.

Part 3

비즈니스 솔루션의 활용

제3부는 앞에서 확인했던 고객의 변화된 가치에 어떤 솔루션 방법을 제품/서비스에 적용시켜 거래회사에 제공할 것

인가를 결정하는 단계이다.

그간 컨설팅이나 강의를 하면서 솔루션 방법의 적용을 강조하면 대부분의 경영자나 관리자는 매우 중요하지만 어려움

이 있는 부분이라고 이야기를 한다.

이것은 과거의 방법과 내용을 생각해 나타내는 현상이다. 커피숍에서 고객이 직접 커피를 가져려 오고 다 마신 후 커피 잔을 점원

에게 갖다 줘야 한다면 고객의 마음은 어떨까? 불편함을 느낀 고객이라면 다시 방문하지 않을 것이다.

복사기가 고장 났을 때 신속하게 A/S를 받지 못한다면 그런 복사기를 계속 이용하겠는가? 초창기 영업사원들은 A/S

사원 때문에 영업을 하기에 어려움이 있다고 했다. 지금은 영업사원이 직접 수리를 해 고객의 불편을 최소화한다.

중요한 것은 현재 하고 있는 일을 개선하려 하지 않는 사고방식이다. 여기서는 비즈니스 솔루션을 하는 사람들이 어떻

게, 왜 변해야 하는지를 다루고 있다.

01

가치 변화

고객가치의 변화를 정확히 파악하고 이에 대한 해결방법을 꼼꼼히 갖춰야 한다. 지금 하고 있는 일, 고객이 필요로 하는 새로운 제품/서비스 내용, 고객의 욕구가 변화하는 방향에 대한 재점검을 확실히 한다면 비즈니스 솔루션이 어렵지 않을 것이다.

다음 내용은 이해를 돕기 위한 가치 변화 사례이다.

시장 중심의 가치 변화와 솔루션 개념

- 새로운 제품과 서비스 제공: 안경테
  - 주요방향: 사업 방법의 변화
  - 사업 솔루션: 제조업이 아니라 디자인회사이다.
  - 시장 변화 대응 방법: 고객이 원하는 멋의 포인트는 무엇인가

- 완전히 차별화 된 제품 제공: 크리스피 크림 도넛

  - 주요 방향: 제품의 변화

  - 사업 솔루션: 도넛사업이라기보다 맛을 창출하는 회사이다.

  - 시장변화 대응 방법: 고객은 어떤 맛을 원하며 우리가 제공하는 맛과
    어떻게 다른가, 도넛과 함께 마실 커피의 맛은 어떻게 차별성을 둬야
    하는가(부드러움으로 차별적우위를 갖추고 있다)

- 커피문화를 새로 창조한 커피전문점 : 스타벅스

  - 주요 방향: 새로운 사업 방법

  - 사업 솔루션: 커피숍이 아닌 새로운 경험을 제공하는 회사이다.

  - 시장 변화 대응 방법: 고객의 실제 필요사항은 무엇인가, 고객이 직접
    커피 잔을 받아오고 다 마신 자리를 정리하면서까지 우리 점포에 와
    야 할 이유는 무엇인가

- 머무는 호텔이 아니라 활력을 찾는 호텔: 브띠크 호텔

  - 주요 방향: 활력을 갖게 하는 장소

  - 사업 솔루션: 잠을 자는 곳이 아니라 활력을 충전하는 곳이다.

  - 시장 변화 대응 방법: 어떻게 즐거운 휴식을 취할 수 있게 할 것인가

핵심 역량 중심의 가치 변화와 솔루션 개념

- 공제조합에서 투자회사로 변화: 군인공제회

  - 주요 방향: 새로운 사업 방법 선택

- 사업 솔루션: 회원공제회에서 투자회사로 변신한다.

- 시장 변화 대응 방법: 저금리 시대에 고수익을 달성할 수 있는 능력을 어떻게 보유할 수 있나

• 같은 목적의 제품/서비스 종류 제공: CGV

- 주요 방향: 새로운 사업방법 창출

- 사업 솔루션: 영화관이 아니라 엔터테인먼트를 제공하는 회사이다.

- 시장 변화 대응 방법: 영화관에 들어가서 영화 상영 전에도 지루함이 없이 즐겁게 할 수 있는 방법은 무엇인가

• 저렴한 가격과 최소의 서비스 제공: 사우스웨스트 항공

- 주요 방향: 사업 방법의 변화

- 사업 솔루션: 고객환대사업에서 저가 맞춤사업으로 전환한다.

- 시장 변화 대응 방법: 항공권 예약, 쉬운 탑승, 좌석배정을 원스톱으로 제공하면서 가격은 저렴하게 할 수 있는가

제공 방법 중심의 가치 변화와 솔루션 개념

• 맞춤제품, 저렴한 가격, 빠른 배송의 경쟁력 보유: 델 컴퓨터

- 주요 방향: 새로운 사업 방법 창출

- 사업 솔루션: 컴퓨터회사가 아닌 온라인 맞춤 제공 사업이다.

- 시장 변화 대응 방법: 저렴한 가격으로 고객욕구에 적합한 컴퓨터 제공할 수 있는가

- 저렴한 제품과 높은 서비스 제공: 미샤, 더페이스샵
  - 주요방향: 사업 방법의 변화
  - 사업 솔루션: 화장품 사업에서 신 가치 제공 사업으로 탈바꿈한다.
  - 시장변화 대응방법: 어떻게 고객우대 방법을 개선하고 제품가치의 혁신을 이룰 수 있나

이외에도 버터핑거팬케이크는 와플, 팬케이크의 다양한 맛을 느끼게 하고 야채, 잼 등을 이용해 고급식품으로 탈바꿈해 가치를 향상시켰다. 현대모비스는 운전편의 시스템 제조회사로서, 단순히 자동차 부품을 공급하는 회사가 아니라 자동차의 기능, 활용 등을 더욱 증대시킬 수 있게 생산 방법을 개선했다. 대한제강은 공장에서 생산되는 크기의 철판을 파는 것이 아니라 고객이 원하는 크기로 철판을 재가공해서 판매했다. 또한 고객의 사용 손실, 가공비용 절감 등을 통해 고객 중심으로 영업을 했다.

상기 성공 사례 내용을 검토해 보면 솔루션을 찾거나 좋은 아이디어를 생각하는 것이 그리 어렵지 않아 보일 수도 있다. 그러나 어떠한 사업 아이디어나 방법을 창출한다는 것은 쉬운 일이 아니다. 변화 트렌드와 고객의 요구가치를 정확히 파악해 회사에서 제공할 수 있는 방법과 내용을 명확히 정립해야 할 것이다.

02

소비재 비즈니스 솔루션

방향 검토

최근 들어 제품/서비스 자체의 가치를 개발하는 것에는 대부분 큰 차이가 없다. 따라서 여기서는 점포를 이용한 사업의 경우 제품 개발에서 사용까지의 단계와 점포 내에서 고객가치의 미 충족욕구와 불만사항을 찾아내어 새로운 가치를 제공하고, 성공한 사례를 중심으로 다루어 실제 활용도를 높이려고 한다.

점포란 우리에게 무엇인가? 구매를 하고 앉아서 이야기도 할 수 있는 장소로 우리에게 그저 하나의 생활에 필요한 공간이었다. 제품을 쌓아놓으면 고객이 와서 선택해서 값을 치르고 가면 됐다. 이런 상황에서는 거의 비슷한 영업 방법과 특별하지 않은 분위기나 서비스가 그리 중요한 요소가 아니었다. 저렴하게 판매하고 고객이 오기 쉬운 장소에 있으면 될 뿐이었다. 점주도 제조업체 영업사원이 경쟁사보다 더 많은 금전적인 혜택만 주면 제품을 팔 수 있게 했다. 브랜드나 광고 제품이 매출 증대에 도움이 되므로 그런 제품을 중심으로 진열하면 매출 달성에는 어려움이 없었다. 이런 관계가 제조업체와 판매 점포 간의 사업 방식인 것이다.

그러나 많은 세월이 지났다. 이제는 고객의 입맛이 변하고 색다른 것을 찾는 소비자가 증가하고 있다. 기존 제품에 대한 선호도가 떨어지고 유사 제품이 많아지면서 경쟁이 치열해져서 가격도 제대로 받을 수 없다. 자연스레 이익 폭도 감소하고 있다. 이것은 소비자와 가장 가까이 있으며 경쟁이 치열한 동네 슈퍼마켓 상황의 한 단면을 이야기한 것이다. 이런 상황에서는 제조업체, 점포 모두가 수익창출에 어려움이 있으며 이러한 시장 상태가 지속되고 있는 형편이다.

그렇다면 무엇이 필요할까? 우리가 생활하면서 가장 오래도록 머무는 곳이 집이다(제1의 공간). 집은 하루의 긴장을 풀 수 있는 편안한 곳이다. 그러면 직장(제2의 공간)은 무엇인가? 직장은 일이 잘되고 성과가 있어야 좋은 곳이다. 따라서 일의 생산성을 높이고 아이디어도 많이 창출해 이익 증대에 공헌을 해야 한다. 이제 근무 장소도 쾌적하고 편안해야 한다. 최근에는 근무지의 인테리어, 일하는 책상과 의자의 기능, 집중해 일을 할 수 있는 분위기 등이 점점 좋게 조성되고 있다. 미국의 구글 회사는 피곤한 직원들이 시간에 구애받지 않고 잠을 잘 수 있도록 지하에 캡슐숙소를 마련해놓았다.

그러면 집과 직장을 다니면서 중간에 구매할 수 있는 곳, 또 사람들을 만나거나 즐기기 위해 머무르는 장소(제3의 공간) 즉, 마트, 점포, 커피숍, 보석점, 옷가게, 맥줏집 등은 어떻게 돼야 할까?

이제는 이런 장소도 편안하고 즐거움을 느끼게 해야 한다. 점포는 우리 생활에서 무엇이 돼야 하는가? 누구나 가고 싶은 곳, 머물고 싶은 곳, 재미가 있는 곳이 되기를 바랄 것이다. 그러면 어떻게 돼야 할까?

커피숍, 제과점, 카페, 음식점, 의류점, 단품 전문점, 맥줏집 등 많은 점포들이 예전과 달리 분위기, 제품력, 서비스 등을 변화시켜 고객의 인기를 얻고 있다.

화장품 점포 더페이스샵, 중국요리점 틴타이펑, 커피 전문점 스타벅스, 와플과 팬케이크 전문점 버터핑거팬케이크, 미술관에 카페를 접목해 여가 장소로 만들어 인기를 누리고 있는 구겐하임미술관, 그 외 ABC마트, 애슐리, 교보문고, 던킨도너츠, 유기농 점포 올가, 프라이스클럽 등 많은 점포가 소비자들의 인기를 얻고 있다. 집과 직장을 오가는 사이에 여유시간을 좀 더 알차고 재미있게 누릴 수 있도록 점포들이 변신을 하고 있다. 이제 점포는 집, 사무실과 달리 새로운 만족감을 느낄 수 있는 곳으로 변하고 있는 것이다. 무드 매니지먼트인 크리스티안 미쿤다 사장은 이를 '제3의 공간'이라고 했다.

그는 '제3의 공간'을 감각적인 짜릿함과 내 집같은 편안함 등 여러 사람들이 이용하는 대중적인 시설들이 개인의 공간처럼 만들어져야 한다고 말한다. 이렇게 연출된 공간은 우리가 살아가는 도시의 활력소가 돼야 한다는 것이다. 또한 제3의 공간, 즉 집과 사무실을 오가면서 들르는 장소(커피숍, 백화점, 미용실, 서점, 전문점, 미술관, 베이커리, 레스토랑 등)는 편안하고 깨끗하며 친절한 느낌을 주도록 새로운 가치를 제공해야 한다.

따라서 점포의 실내외 디자인, 고객 동선, 종업원의 복장, 서비스의 질 등을 새롭게 제공해야 한다. 이는 점포를 개설할 때 잊지 말아야 할 트렌드이다. 필요하다면 위에서 열거한 점포들을 찾아가 어떤 점 때문에 고객에게 인기가 있는지 확인해보라.

- (예) 은행 점포: 고객이 머물다 가고 싶은 장소로, 은행이라기보다 커피숍과 유사하다(커피+인터넷+간이도서관+우편센터+토요일 개장).

환경 분석

이제는 점포가 'STORE(일반 상품을 진열해 파는 곳)'에서 'SHOP(더욱 전문화되고 고급화된 점포)'으로 변화되고 있으며 특화되고 차별화된 제품과 서비스를 제공하는 'SHOP'의 인기가 날로 높아지고 있다.

즉, 고객의 선호 가치가 달라지고 있다. 이제 고객이 원하는 점포는 제품/서비스만 파는 곳이 아니다. 고객은 구입, 사용 공간, 나아가 대화 및 문화의 공간을 필요로 하고 있는 것이다.

소형 슈퍼마켓과 편의점, 다방과 커피숍, 문구점과 팬시점 등은 같은 종류의 상품을 파는 점포이지만 점포 분위기, 조명, 실내장식, 서비스 등이 모두 다르다. 최근의 소비자는 어느 곳을 더 선호할까? 대부분 후자의 점포를 찾는 소비자가 증가하고 있다.

우선 간판 크기, 색, 디자인에서 실내장식, 조명, 각종 집기 모양 및 진열 상태 등이 소비자를 유혹하도록 꾸며져 있다. 일반적으로 콘셉트숍(어떤 이미지를 갖고 있는 점포)이라는 개념을 가진 상점으로 변화되고 있다. 우리 점포의 이미지와 상품 특징을 소비자에게 확실히 알려 필요한 소비자를 오게 하고, 소비자의 선호도와 구매패턴에 맞는 제품으로 구성해 소비자가 오고 싶도록 만드는 것이다. 이 두 가지 요인에 의해 점포를 재구성해야 한다. 전자는 소비자의 미 충족욕구를 미리 파악해 대응하는 것이고 후자는 소비자의 잠재욕구를 자극해 필요한 것을 제공하는 것이다.

여기서 영업사원이나 점주들은 현재 거래하고 있거나 운영하고 있는 점포의 매출이 하락한다면 우선 고객욕구의 확인과 점포 분위기, 제공 서비스에 대한 검토를 해야 한다. 점포는 앞으로도 더욱 변화하면서 진화를 계속할 것이므로 항상 점포에 대한 관심을 가지고 있어야 한다.

최근의 동향에 비춰보면 더욱 고급스럽게 꾸미면서 개인의 욕구에 적합한 점포, 또 품질은 좋으면서 상대적으로 가격이 저렴한 점포, 분위기는 평범한데 저렴한 제품을 판매하는 점포 등 구매패턴에 맞추는 점포로 세분화될 것 같다. 새로운 개념의 점포를 살펴보면 보통 분위기가 우아하고 깨끗한 것은 기본이며 종업원은 친절하면서 전문성을 갖추고 있다. 전문성이란 일의 수준 차이는 있겠지만 자기의 업무 지식을 정확히 갖춰야 하는 것이다. 그리고 제공하는 제품과 서비스의 차이, 고객의 권위에 맞는 대우, 친절도가 달라야 한다.

점포 콘셉트

한 음식점 주인이 '손님들이 우리 음식점의 맛은 좋아하는 것 같으니 이제는 더 친절한 점포로 만들어 또 다른 느낌을 가지게 할 것이다'

라고 생각하면서 어떻게 하면 친절한 점포가 될 수 있는가를 구상한다고 가정해보자. 먼저 항상 웃는 얼굴로 손님을 대할 것이다. 손님이 들어오거나 나갈 때마다 정중히 인사를 하고, 손님이 점포에 들어와서 자리에 앉을 때까지 안내를 한다. 주문을 받을 때는 고객과 시선을 수평으로 맞추거나 아니면 손님이 내려다볼 수 있게 한다. 또 식사 전, 후에 필요한 사항을 미리 배려하기도 할 것이다.

그런데 위 사항들을 일일이 하기 어려울 때는 몇 가지를 제외하고는 잘되지 않는 경우도 많다. 그래서 고객으로부터 가장 많이 나오는 지적 사항과 종업원들의 부주의로 나타나는 불만사항을 중심으로 검토해봤다.

첫째, 우선 인사를 잘해야 한다. 상냥하게, 반가운 인상으로 한다. 고객을 안내할 때, 고객에게서 주문을 받을 때, 음식을 제공할 때, 요금을 계산할 때, 그리고 고객이 점포를 떠날 때까지 인사를 잘한다. 어렵겠지만 꼭 해야 하는 일이다.

둘째, 주문을 받을 때 고객을 우러러보는 마음으로 고객과의 눈높이를 수평으로 맞추거나 고객을 위로 두고 올려다보면서 주문을 받아야 한다. 그래서 가능한 무릎을 꿇고서 주문을 받도록 한다.

이 두 가지만이라도 잘한다면 성공할 수 있다. 만약 이를 시행한 지 3개월이 좀 지났는데 인근 몇몇 지인들이 와서 "사장님 점포의 점원들은 참 친절하다면서요? 어떻게 하면 그런 이야기를 들을 수가 있습니까?"라는 말을 한다면 그 음식점은 친절한 점포로 알려져 곧 성공하게 될 것이다.

음식점은 맛이 있어야 한다. 이것은 기본 필수 요건이다. 그러나 이제는 음식 맛이 좋은 곳이 많아 경쟁 요소로 하기에는 큰 효과가 없는 것 같다. 그러면 어떤 것이 핵심적인 경쟁 요인이 될 수 있을까? 이제는 음식 맛 이외에 메뉴, 가격, 위치, 점포의 크기, 종업원의 응대 방법, 기타 제반 서비스 등을 생각해야 할 것이다.

즉, 해당 음식점의 경쟁 요인이 달라져야 한다. 그래서 처음에는 '맛', 이제는 '친절'이라고 선정했다면 이 음식점 사업의 업의 개념은 맛있는 점포에서 친절한 점포로 변경되는 것이다. 이는 대외적으로 우리 음식점을 알리는 기본 방향이 된다. 이러한 방향 아래서 친절함을 알리려면 어떠한 사고방식이나 행동을 해야 하는지를 정해 진정으로 친절한 점포가 돼야 한다. 즉, 인사를 잘하는 점포, 종업원이 상냥한 점포, 불편함을 느끼게 하지 않는 점포 등이 되는 것이다. 이처럼 친절한 점포가 되기 위해 해당 점포가 갖춰야 하는 것과 고객이 충분히 알 수

표 16_ 콘셉트 개발 시 필요한 눈높이

	제품/서비스 변화	구매장소 변화	구입과정	소비과정**
기존구매욕구	기본품질 우수	제품/서비스가 있는 곳	오프라인 유통점	1~2가지 목적 (즐김)
변화 된 욕구	품질우수 당연 +추가기능 선호	편안, 휴식, 재미 멋스러운 곳	오프라인 다양화 +온라인 유통	여러가지 목적 (즐김)
사용가치*	저렴한 가격 보다 좋은 제품 우선구매	편리성	느낌이 와야 한다	대우가 좋다

*사용가치(예)- 저렴한 가격, 격조 있는 디자인, 보다 편리한 것, 품위 있는 대우, 보다 좋은 제품
**소비과정(예)- 여러 가지 스트레스 해소와 자기만족 증대를 위한 욕구
　　　　　　　자유로울 수 있다. 편안하다.
　　　　　　　새로운 것을 경험하고 싶다.
　　　　　　　서로 관계를 맺고 대화도 하고 싶다.
　　　　　　　자기만의 독특한 매력을 갖고 싶다.

있게 하는 것이 콘셉트이다. 따라서 해당 점포의 사업의 정의는 친절한 점포이고, 점포 콘셉트는 인사를 잘하는 점포, 종업원이 상냥한 점포, 불편함을 느끼게 하지 않는 점포 또는 이들을 전부 갖춘 점포 등으로 설정되는 것이다. 이런 콘셉트를 잘 지킬 때 고객들은 해당 점포의 이미지를 상냥한 점포, 항상 웃는 점포 등으로 기억하게 된다.

슈퍼마켓 사업 솔루션

도입 배경

앞서 언급을 했지만 수험생이 있는 어머니가 슈퍼마켓에 들렀다가 '수험생을 위한 간식'이라는 문구를 발견한 후 가격은 따지지 않고 바로 구매한 상황을 생각해 보자. 해당점포는 가격을 거의 할인하지 않았고 판촉물도 주지 않았지만 무난히 목표를 달성해 수익율을 높였다.

이제는 회사 중심이 아닌 고객 중심의 제품 구성, 판매 방법이 필요하다. 그러나 중요한 것은 실행해보지도 않은 채 안 된다고 생각하는 습관을 버리는 것이다. 이제는 현재 상황을 극복해야 할 시기이기 때문이다.

시장에서 점포별 경쟁은 매우 치열하다. 점포 내에서의 판매대 위치, 진열 장소, 순회 판촉사원 도입, 가격 할인, 판촉물 지급 등 고객을 유치하기 위한 점포에서의 경쟁이 얼마나 치열한지는 영업사원들이 더 잘 알 것이다.

우리는 이제 여러 가지 방법을 거의 사용해 새롭게 구사할 판촉 방법도 없는 상황이며 매번 판촉계획 수립 시 영업사원만 고생하고 있는 실정이다. 판촉활동은 자칫 잘못하면 겉으로는 이익이 남고 뒤로는 적자가 발생하는 경우도 있어 이러한 현상도 판촉활동을 자주 못하게 하는 이유가 되고 있다.

이제는 근본적으로 경쟁을 확보할 방법을 찾아야 한다. 만약 독점적으로 만들 수 있는 제품을 가지고 있다면 가능하지 않을까? 우리 제품만이 고객에게 효과를 전달할 수 있다는 것으로 이미지를 차별화하는 것이다. 이렇게 하기 위해서는 우선 영업사원의 역할이 변해야 하고 의식과 자세도 개선돼야 할 것이다. 그러나 이것은 참으로 어려운 일이다. 제품도 비슷하고, 가격도 동일하며 심지어 포장도 비슷한 경우도 있다. 여기서 어떻게 고객에게 다르게 보여 귀사의 제품을 구매하게 할 것인가? 제품 면에서는 바뀔 것이 별로 없으므로 영업사원부터 바뀌어서 차별화가 돼야 할 것이다. 즉, 무언가 다른 경쟁우위 요소를 갖출 수 있도록 더욱더 고심해야 한다.

최근의 고객의 구매 형태는 어떤가?

가격이 저렴한 것을 구매하는가, 맛이 더 좋은 것을 구매하는가? 아니면 한 가지 제품만을 선호하는가, 가족을 위해 여러 가지를 한꺼번에 구매하는가?

그렇다면 우리 제품의 구매는 어떤 특징을 가지고 있는가?

영업사원들은 고객이 꾸준히, 또 많이 구매를 해 해당 점포가 지역 내에서 다른 경쟁 제품보다 더 많이 판매되는 것을 기대한다. 따라서 하나보다는 여러 가지를 구매하게 해야 하며, 구매자가 실제 사용할 때 불편함이 없어야 한다. 또한 가족을 위해 무언가를 해줄 수 있도록 분위기를 조성한다면 가족들에게 좀 더 새로운 것을 해주고자 하는 주부들의 관심을 이끌어낼 수 있을 것이다. 이처럼 구매 촉진을 이끌어내는 방법은 영업사원에게 매우 좋은 안건이 될 수 있다.

지금도 영업 현장에서는 타 업체의 유사 제품과의 가격 비교로 점주로부터 가격 인하를 요구받을 것이다. 또한 다양한 판촉물도 제공해야 한다. 이것은 이제 거의 모든 고객이 알고 있으며 이미 적응이 됐는지도 모른다.

우리는 다음과 같은 판촉활동을 하고 있는데 귀하가 보기에는 고객이 어떤 판촉 방법을 가장 선호하며 또 이익을 많이 남길 수 있다고 생각하는가?

① 일정 기간 할인해서 판다.
② 다른 판촉물을 더 준다.
③ 판촉사원을 통해 판다.
④ 별도의 진열대를 비치해 판매한다.
⑤ 진열대에 POP를 부착해 판다.
⑥ 다른 필요 제품과 같이 판매한다.

하나의 행사에 초콜릿 하나를 팔자면 해당 가격을 경쟁 제품보다 조금 낮게 팔거나 브랜드를 내세워 가격을 그대로 받을 수 있을 것이다. 그러나 브랜드 인지도를 높이는 것은 시간과 자금의 투자가 많이 소요되기 때문에 가격 할인을 이용해 구매를 촉진시키는 경우가 많다.

위와 같은 상황에서 시장점유와 적정 이익 확보를 유지하기란 그리 쉬운 일이 아니다. 따라서 이제는 목표 달성을 위해 영업 방법이나 패턴을 바꿔야 할 때가 된 것이다.

점포 마케팅과 세일즈 솔루션

세일즈 솔루션이란 유통점에서 판매할 때 고객이 구매를 하게끔 여건을 조성해 판매를 증대시키는 방법을 말한다. 실 구매력을 높이고 일괄 판매를 통해 판매량과 이익금을 동시에 실현하는 영업 방법이다.

단품 위주의 판매는 이익 폭을 점점 감소시키고 또 경쟁 상태에서는 판매 수량도 감소시켜 적정 이익을 확보하기가 어려운 경우가 많다. 그런데 세일즈 솔루션을 도입하면 다른 제품과 같이 팔거나 제품의 특징을 강조해 제품의 가치를 높여서 고객의 관심을 증대시킴으로써 매출 증대와 적정 이익을 확보할 수 있다.

세일즈 솔루션의 목적은 고객의 필요성이다. 제품 판매가 아니라 고객이 필요한 사항, 즉 고객의 생활에서 필요한 상품을 생각한다.

프로야구 플레이오프부터 입장객이 연일 만원을 이루고 에스프레소 전문 커피숍의 상승세가 계속 이어진다. 스마트폰은 며칠 만에 몇 십만 개가 팔리고 유명 브랜드 핸드백의 판매량이 경신되고 있다. 이렇듯 지금의 고객은 단순한 사용 목적을 위해서만 제품/서비스를 사는 것이 아니다. 소비도 만족과 즐거움을 느끼기 위해 시행하는 것이다. 따라서 예전처럼 그냥 생활하는 것이 아니라 제품/서비스의 사용을 통해서 하나하나의 생활에 즐거움과 만족도를 높이려고 한다.

회사와 유통점은 이러한 즐거움과 만족도를 높이기 위해 매일매일

저마다의 의미를 부여해 고객의 생활 목적과 욕구를 충족시키려고 한다. 따라서 다양한 욕구에 적합한 행사를 시행해 고객을 유인해 매출과 이익을 증대시키고 있는 것이다.

밸런타인데이, 화이트데이, 삼겹살 먹는 날, 수험생에게 공짜 커피를 제공하는 수험일 등 다양한 시기를 고려한 방법이 등장하고 있다. 그러나 이런 방법은 일시적인 것들이다. 실제 고객의 생활에 근접하고 다양한 욕구를 충족시키기 위해서 매주 필요한 행사를 제공한다면 고객과 유통점, 회사들이 서로 좋은 결과를 얻을 수 있다. 즉, 윈윈 효과를 얻을 수 있다.

그래서 일반적으로 1년 52주를 각 주별로 나눠 의미를 부여해 판매 활동을 한다. 물론 실제 의미가 있는 주와 그리 중요하지 않은 주도 있다. 하지만 판매자의 입장에서는 판매 증대를 위해 여러 아이디어를 찾아서 고객의 구매를 증대시켜야 한다. 그래서 각 주별로 테마를 부여하고 하나의 테마 내에 일별로 실행할 의미를 나타내어 좀 더 보람 있고 즐거운 생활을 하게 한다. 매주 또는 매일의 테마는 기념일인 경우에는 해당자와 그의 가족, 동료 또는 참가자들이 즐거움을 만끽하도록 해주고 행사 때에는 행사에 적합한 이벤트를 시행해 참여를 통한 즐거움을 느끼게 한다.

이를 위해 주별, 일별 테마의 의미에는 생활 항목, 날씨의 특징도 활용하고 있다.

예를 들어 첫눈이 온 날에는 무슨 일이 일어날까? 첫눈이 오면 연인들이 만나 데이트를 즐긴다. 이때 필요한 제품은 어떤 것이 있을까? 언제(행사일), 누가(연인), 어디서(외출해서), 왜(데이트를 하기 위해), 무엇을

(제안 제품), 어떻게(용도)를 제공해 제품의 구매 촉진과 사용을 유도한다. 즉, 생활자의 5W1H(누가, 언제, 무엇을, 왜, 어디서, 어떻게 하는가)를 생각하면서 제품 판매를 구상해야 한다.

또 하나의 예로 여름방학이 있고 휴가철인 8월의 생활을 제안해보자. 8월의 주별로 테마와 일별의 의미를 전체적으로 다뤄야 하지만 여기서는 여름방학을 중심으로 기획해보자. 만약 가족과 같이 해변으로 피서를 간다면 피서를 갈 때 필요한 것은 모두 있어야 할 것이다. 그러나 식단을 중심으로 한다면 일단 피서 기간의 메뉴 표를 작성해주고 해당 메뉴별로 필요한 주식과 부식을 준비해야 할 것이다(이때 소테마인 아침, 점심, 저녁의 식단이 다를 것이므로 이에 대한 제반 재료, 반제품, 필요하면 요리 방법도 제시해야 할 것이다). 이제는 영업사원이 바빠지게 된다. 이를 더 세부적으로 풀이하면 우리가 하고자 하는 세일즈 솔루션의 기본 준비사항이 되는 것이다.

제조업체와 점포들을 찾는 고객들에게 상품 구매 및 효과적인 상품 사용법을 제안하는 세일즈 솔루션은 각 52주 단위로 전개된다. 물론

표 17_ 8월 생활제안 테마(예)

When	Who	Where	Why	What	How
여름방학 (휴가)	자녀	집에서	여름방학으로 자녀의 식사가 매너리즘화 되고 있기 때문에	요리를	함께 만든다
	가족	바다에서	여름방학 때문에	바비큐를	굽는다
	어머니	캠프장	햇살이 강하기 때문에	자외선 노출을	예방한다
아빠생신	가족	집에서	오기 때문에	선물을	산다
	가족	집에서	오기 때문에	맛있는 요리를	만든다
8월 말	자녀	집에서	신학기 준비 때문에	숙제, 신학기 준비를	한다

타 점포와 차별화하기 위해 가격 인하와 월간 특매(특별 세일), 일간 특매 등도 함께 진행한다(예: 52주 행사).

따라서 우선 해당 점포 측의 자료를 확인, 분석해 이를 근거로 해당 점포의 마케팅 방안을 점검한 뒤, 자사 제품 판매에 적합한 마케팅 방법을 소개, 실행한다.

이때 해당 지역 고객의 규모, 소득, 구매 특성과 패턴, 점포의 규모와 이미지, 점주의 특성, 점포의 위치와 경쟁력 등 해당 지역 시장에 대한 기본적인 정보를 가지고 있어야 좀 더 빨리 활용할 수가 있다. 따라서 시장 정보는 얼마나 가지고 있는지, 정보 중에서 실제 사용할 수 있는 정보는 어느 정도인지, 정보 활용 시 우선적으로 사용하는 것이 무엇인지, 경쟁자와 경쟁전략은 어떻게 수립해야 하는지 등에 대한 검토가 필요하다.

영업팀에 확인해보면 자료를 전부 가지고 있고 그 활용도도 높다는 회사도 있는데 실제로는 실행율이 낮은 곳이 대부분인 것 같다. 급하다 보니 팔기에 바빠서 그런 현상이 나타나는데 이제는 조금 늦더라도 제대로 준비하고 실행해야 할 것이다.

그러기 위해서 먼저 해야 할 일은 귀사의 제품에 대한 활용도를 재검토해 사용 분야를 확대시켜 사용 범위와 구매 횟수를 늘리는 것이다.

두 번째는 고객의 생활을 파악해 그들에게 필요한 사항을 제공하는 것이다. 특별한 행사가 있을 때, 잊고 있던 일을 상기시켜서 평상시에 생각했던 사항을 실제로 실행할 수 있도록 점포 내에서 제안해 구매를 증대시키는 것이다.

제품의 활용도를 재검토하는 것은 해당 제품에 대한 활용 방법의 정확한 내용을 정리하는 것이다. 즉, 제품의 개념을 명확히 하는 것이다. 고객에게 이 제품은 정확히 어디에 사용하는 것인지, 이 제품은 무엇 때문에 만들어졌는지, 사용에 따른 혜택은 무엇인지를 알려주는 것이다.

햄은 그 종류가 많다. 그런데 '김치찌개를 만들 때 햄을 같이 넣으면 더 맛있다'는 내용은 어떻게 창출되었을까? 왜 햄을 맥주 안주, 샐러드, 아이들의 반찬으로 사용하라는 내용은 전달하지 않았을까? 해당 시장은 경쟁이 치열해 다른 소비시장을 찾아 진입해야 한다. 이 때문에 아직 찌개시장의 진입 가능성이 높으며 매출 목표 달성도 가능하다고 판단할 수 있다. 이처럼 같은 제품이라도 소비자에게 사용 범위와 혜택 등 전달하고자 하는 개념이 명확해야 한다. 유과는 쌀 과자이다. 쌀 과자는 여러 종류가 있다. 그러나 '우리 회사의 쌀 과자는 다른 제품과 다르다'라고 했을 때, 이를 소비자에게 알려주는 유과의 차별점이 중요하다. 또한 어떨 때 먹는 것이 가장 좋은지 소비 분위기도 제시한다면 더욱 사용량을 증대시킬 수 있다.

따라서 각 제품별, 사용 용도별로 구분해야 한다. 이 구분은 소비자의 생활패턴에 따라 사용 방법이 달라지면서 소비를 증가시킨다. 새우깡은 스낵이다. 스낵은 심심할 때, 먹고 싶을 때 구매하는 것이다. 하지만 맥주를 마실 때는 안주로, 수험생이 공부를 하다가 지루하거나 졸릴 때는 기분전환용으로, 직장동료가 야근을 할 때는 격려의 선물로, 아이들이 시끄럽거나 무엇을 재촉할 때는 입막음용으로, 모임에서 분위기가 별로 좋지 않을 때는 기분전환 용도로 이용하라고 홍보할 수 있다. 또한 위와 같은 상황일 때 새우깡을 다른 제품과 연관 제품 또는 궁합 제품으로 판매해 판매량도 증대시키고 소비자에게 새로운 용도도 알려줄 수 있다.

이제 귀사의 제품에 대한 제품 사용 범위를 추가로 정리해보자. 세일즈 솔루션를 위한 가장 중요한 사항을 학습할 수 있을 것이다.

세일즈 솔루션 도입 시 점검 사항

세일즈 솔루션은 시장에서 어떤 상황이 발생하였을 때 가장 필요한 것인가?

- 귀사 제품의 1인당 제품별 구매 수량이 감소하고 신제품 정착률이 회사의 목표치보다 낮게 나타나는 경우
- 소득이 낮은 사람들이 사는 지역에서 매출액이 증가하고 소득이 높은 사람들이 사는 지역에서 감소하고 있는 경우
- 유통점 매출 비중에서 대리점과 슈퍼마켓의 매출액이 감소하고 있는 경우
- 영업사원들의 업무 형태와 사고방식이 5년 전과 비교해 달라진 것이 없을 경우

이런 상황이 발생할 때 세일즈 솔루션을 도입하면 높은 효과를 달성할 수 있을 것이다.

그럼 세일즈 솔루션을 시행하려면 어떻게 해야 하나?

우선 현 업무 내용의 변화와 영업 담당자들의 사고방식의 변화가 중요하다. 회사는 다음과 같은 사항을 미리 점검해 시행 여부를 결정해야 한다. 그렇지 않으면 시간과 자금만 낭비하고 실패해 업무의 혼선을 초래하고 눈에 보이지 않는 손해를 키울 수 있다. 대부분의 회사는 새로

운 제도 도입 시 실패율이 높기 때문이다. 이는 자체적인 회사 내의 문제로 발생하는 경우가 대부분이다.

세일즈 솔루션 정착을 앞두고 영업팀이 직면하고 있는 어려움은 무엇인가?

- 현재 하고 있는 일을 계속하면서 세일즈 솔루션 활동을 할 수는 있는가?
- 현재까지 해온 일을 세일즈 솔루션 활동으로 바로 바꿀 수 있는가? 또 바꾼다고 실제 성과가 나타나겠는가? 결재자인 과장, 부장들이 해당 업무를 잘 이해해 적절한 결재를 할 수 있겠는가?
- 기존 업무를 세일즈 솔루션 활동으로 변환한다면 어느 정도 지나야 업무가 안정될 수 있는가? 적합하지 않다면 중도에 그만둘 확률은 얼마나 되는가?
- 세일즈 솔루션 영업활동을 한다면 이의 효과적 성과를 위한 회사 내 제반 제도와 지원은 어느 정도 지나야 가능할 것인가?
- 세일즈 솔루션 활동의 전문가를 만들기 위한 제반 교육체계와 내용은 정확히 준비했는가?
- 점주와 협의하고 실행하는데 대한 이해와 실행은 바로 가능한가?

위의 내용들이 그대로 시행 가능한 것이지 이번 기회에 정확한 검토가 필요하다. 그리고 영업사원들은 영업활동에서 세일즈 솔루션 실행을 위한 역할과 행동에 맞게 변화해야 하며 각자에 맞게 정착시키고 자기의 노하우로 만들어야 한다.

점포 세일즈 솔루션의 방법

만약 두부 매장에서 "두부가 맛있는 계절입니다. 두부를 요리할 때 송이버섯 볶음과 마늘 다진 것을 넣으면 더욱 맛이 좋은 건강식을 드실 수 있습니다. 그리고 유부나 어묵도 잊지 마세요"라고 한다면 두부도 팔리고 두부 요리를 위한 송이버섯과 다진 마늘도 팔린다. 또 유부도 팔아 두부 매장의 매출이 배가되고 어묵까지 연관 제품으로 매출에 영향을 끼친다.

위 사항을 "본 점포에서 고객의 구매 편의와 효과적인 구매를 위해 준비한 특별 프로그램입니다"라고 알려준다면 점포의 이미지는 더욱 향상될 것이다.

이러한 식품 솔루션(메뉴 제안)을 통해 소비자들은 더욱 건강하고 좋은 상품, 균형 잡힌 영양소를 섭취할 수 있는 제품으로 인식하면서 예전의 가격 대응 제품뿐만 아니라 고부가가치 제품도 구입한다. 그리고 단가를 올리기 위한 집중 판매도 가능해진다. 가치 있는 상품은 저가 판매로 대응하지 않아도 된다.

이와 같이 해당 시즌에 적합한 판촉 테마를 제안해 소비자에게 구매 의미나 의의를 이해시키면 소비자들은 저가가 아니더라도 제품을 구입하게 된다. 즉 부가가치 제품을 습관적으로 구입하는 관습 판매로 발전할 수 있는 것이다.

이처럼 52주 생활 여건에 맞는 판촉 테마를 선정해 기획 이벤트 제안, 계절 및 제철 제안, 기념일 제안 등을 실행하면 제품과 생활패턴을 중심으로 점포 마케팅이 전개되는 것이다.

그 결과 해당 점포에 적합한 독자적인 전략을 형성해 점포의 이미지를 향상시켜 다른 점포와 차별화할 수 있고 인기와 매출을 높일 수 있다.

제품 판매는 제품의 양, 형태, 포장, 구입 시, 사용 시 등의 상황에 따라 변한다.

- 사용과 구입 시기의 차이가 있다(편의점에서는 더 비싸게 구입한다).
- 제조업체는 고객이 원하는 점포나 라이프스타일, 욕구와 구매패턴을 잘 모른다.
- 영업은 제품 가치를 극대화시켜야 한다.
  → 제품 콘셉트와 판매 콘셉트 제안을 같이해 제품 가치를 높여 판다.

앞서 설명한 방법을 좀 더 자세히 소개한다면 총 세 가지의 방법으로 구분할 수 있다.

먼저 점포 이미지를 증대시키는 방법이다.

제조 회사의 제안은 해당 점포의 이미지 증대가 대전제가 돼야 한다. 따라서 점포는 각 점포마다 타 점포와 자기 점포를 차별화하기 위한 제품 구매와 마케팅을 전개해야 한다. 하지만 현실적으로 차별화는 가격경쟁에서만 나타난다. 가격경쟁에서 벗어나려면 제품 구매를 다르게 하거나 판매 방법을 차별화해야 한다. 따라서 영업사원은 점포 이미지를 향상시키기 위해 고객이 필요한 사항(솔루션)을 제안해야만 한다.

예를 들어, 그 점포에 가면 나에게 필요한 제품들이 있으며 나아가 제품이 아닌 실제적인 상황에서 필요한 제품군도 있다고 느끼게 만드는 것이다. 고객에게 생각지도 못한 좋은 생활을 위한 아이디어를 제공하고 제안도 해준다. 특히 아이들에게 필요한 정보를 많이 제공해 자주 방문하게 만든다. 오늘 저녁에 무엇을 먹을지, 아이들에게 무슨 음식을 해줄지 잘 생각나지 않을 때, 자연스레 방문하게끔 만들어야 한다.

둘째, 제품 판매를 증가시키는 방법이다.

이 방법은 주요 구매 이유와 부수적 구매 이유, 그리고 같이 사용할 수 있는 연관 제품군을 확인해 마케팅하는 방법이다.

이는 제품의 연관성을 검토해 활용할 수 있다. 햅쌀밥을 예로 들면, 햅쌀밥을 어떻게 조리하는가에 따라 메뉴가 달라진다. 주메뉴의 소재를 분석해보면 부사용으로의 메뉴가 떠오를 것이다. 이러한 과정을 통해 이 메뉴가 식단 중에서 주요 구입 메뉴가 될지 아니면 부수적인 메뉴가 될지를 생각해봄으로써 상품의 수를 늘릴 수 있다.

고객이 이 제품을 사용할 때 연관 제품은 무엇이 있는지, 어느 때 사용하는지, 특히 어느 계절에 가장 필요한지 등을 확인하면 고객의 소비 패턴을 알 수 있으며 판매 포인트sales point도 분명해진다.

그러면 하나의 제품이 아닌 제품군을 조합해 더 효과적이고 효율적인 사용을 제안할 수 있다. 이렇게 제품군을 조합해 관련 판매를 증대시키기 위해서는 판매 계획이 정확해야 한다. 제품군의 조합에 또 다른 사용패턴을 확인하면 그 패턴에서 펼쳐지는 메뉴의 새로운 소재 제안을 할 수 있다.

- 제안 테마: 더울 때 만들기 간편한 요리인 카레라이스
- 씨푸드 카레라이스의 주제품: 새우, 오징어, 조개

• 부제품

① 베이컨에 양파를 같이 요리하면 냄새를 제거하고 맛을 좋게 한다. POP는 베이컨으로 한다.

② 브로콜리: 비타민이 많다.

③ 버섯

④ 조미료: 요구르트, 소스 등을 첨가하면 맛이 부드러워진다.

이때, 하나의 사실을 바탕으로 또 하나의 사실을 발견하는 것이 중요하다(예: 가족 여행, 스포츠 대회, 바캉스 시에 아이스박스에 무엇을 넣을 것인지에 대한 또 하나의 제안을 할 수 있다).

셋째, 구매욕구의 적합성을 증대시키는 방법이다.

구매욕구를 높이기 위한 판매 방식은 다음 세 가지 항목에서 제품이 어떻게 인식되는가에 따라 달라질 수 있다.

• 구입 제품의 가격은 만족할 만한가? 어떤 소비자들은 집에 이미 많은 물건이 있는데도 필요할 때 또 제품을 구입한다. 그렇다면 그 제품을 구입하는 소비자에게 만족할 수 있는 가격인가?

• 구입 제품의 양은 적합한가? 소비자에게 필요한 양인가, 몇 명이 필요한 생활패턴으로 이 제품이 사용되는가, 낭비가 되는 양은 아닌가?

• 제품별 관련 구성은 서로 보완이 되는가? 단품보다는 생활패턴에 맞는 관련 제품 제안을 구성한다. 그렇다면 중점 제품은 무엇인가? 관련 제품을 어떻게 연관 지어 판매할 것인가?

실제 활용을 위한 참고 데이터를 보면 현상 분석보다 매출 증대를 위한 아이디어가 중요하다. 예를 들어 POP를 다른 모양으로 붙이고, 진열을 바꿔보거나 점포 밖에 진열대를 두고 파는 것이다.

점포 영업 세일즈 솔루션의 실천

여름을 테마로 선정할 경우 '여름' 그 자체는 너무 광범위하다. 여름에 좀 더 소비자에게 다가갈 수 있는 구체적이고 함축된 내용의 단어가 필요하다. 예를 들어 '여름을 시원하게' '이열치열' '여름을 이기자' 등의 내용이 많이 거론될 수 있다. 또는 위의 내용이 전부 채택되는 경우도 있을 것이다. '여름을 시원하게'로 메인 테마를 결정해 이를 실제 영업활동에서 사용한다면 어떠한 테마가 적절할까? 아마 냉방이나 시원한 먹을거리 등 다양한 아이디어가 나올 것이다.

이를 더 구체화시킨다면 '테마— 열대야의 필수품'에 연계된 제품/서비스들을 합친 제품 세트를 만들 것이며 이들의 판매 효과를 제시해 판매할 것이다. 테마는 영업사원의 주변 관찰력에 의해 정립 방법, 내용이 결정되므로 이를 위한 학습도 해야 한다.

만약 집안에 수험생이 있다면 이 수험생을 위한 테마도 필요하며 어린아이가 있다면 어린아이를 위한 간식 테마도 필요할 것이다. 그래서 영업사원은 앞으로 행동보다 머리를 쓰는 것이 기본 능력이 돼야 한다.

세일즈 솔루션을 실시하려면 어떻게 하는 것이 가장 좋은가? 해당 점포에 적합한 판매 기획을 하는 것이 가장 효과가 있다. 따라서 주별, 계절별, 또는 고객별로 필요한 판촉 테마를 설정해 실시해야 한다. 여기서는 판매기획서 작성을 통해 실천 방법을 확인해보자.

• 계획서 작성 방법

① 테마 설정: 1년이 52주로 구성돼 있으므로 매주별 판촉 캘린더를 작성해 시행하는 것이 가장 좋다. 그러나 이는 영업사원, 점주의 협력이 필요하므로 우선 중요한 테마를 중심으로 일부 시행하다가 본격적으로 시행 시 각 주별 테마를 설정해 실시하면 효과를 극대화할 수 있다.

② 기본 방향 정립: 매출 및 이익 극대화 계획서를 점포에 제안한다. 진행하기로 결정이 되면 해당 계획에 적합한 제품군을 구성한 뒤 좋은 장소에 진열해 판매하는 것이다.

  – 유의사항: 점포별로 고객 수준이 다르고 구매패턴도 다양해 점포별 제안이 다를 수 있다. 이러한 논리적인 영업은 매우 필요하다. 현재 52주가 아니더라도 이런 토대를 구축할 수 있는 제반 자료가 있는가? 있으면 이번에 계획서에 많은 내용이 추가돼야 한다. 또한 필요하다면 영업사원들에게 기재할 양식을 분배해야 하며, 내용을 작성해 귀사만의 판매활동 노하우를 만들어야 한다.

③ 활용 방법: 1년 52주를 분기별, 계절별, 절기별, 일별 연중행사와 기념일, 그리고 학교행사 등을 기본으로 해 고객의 생활 패턴을 중심으로 마케팅 계획을 수립, 시행한다.

④ 작성 방법:

  – 매월 주간, 일간 단위의 업무일지 식의 달력을 만든다.

  – 해당 달력에 매일의 날씨, 즉 최고와 최저 기온을 기입해 날씨 변화에 따른 매출 분포, 판매 제품 등을 확인한다. 이때 특별히 매출이

높거나 낮은 제품을 기재해 활용한다.

  – 해당 월의 마케팅 테마를 설정한다(예: 신학기, 꽃구경, 봄철의 행락기
    간 등).

  – 그 다음 행사 기념일, 학교행사, 생활 여건 등을 기재하고 해당 제
    품류와 판매 결과를 기재한다(예: 선어, 청과, 과일).

⑤ 목적: 언제, 누구에게(목표 고객 라이프스타일), 무엇을, 어떤 장소에서,
  얼마에 몇 개를, 어떻게 팔 것인지 결정

⑥ 작성 지침: 생활자 패턴에 따라 주, 2주, 월 단위로 작성, 실행

  – 단품 제안은 가격 할인밖에 없다. 따라서 테마 제안으로 가격을 보
    호한다(메뉴가 중요, 건강도 중시).

  – 테마에 따라 주·부제품이 다르다. 또 제안 형태에 따라 달라진다.

테마와 주요 내용 1: 여름을 극복하는 방법

여름에는 덥고 땀도 많이 흘린다. 그래서 여름을 지낼 때는 더위를
피하거나 또는 극복해야 하고, 많이 흘린 땀으로 부족한 수분과 염분을
보충하는 등의 방법도 필요하다. 이런 방법을 점포에서 제안하도록 한
다. 각 상황을 이겨내거나 적응하는 방법을 제시해 더위에 지친 고객에
게 생활의 지혜를 제공하는 것이다.

여름에 땀을 많이 흘리는 것은 가장 일반적인 현상으로, 이에 대응하
는 기본적인 방법은 땀을 흘려서 부족해진 수분을 보충하는 것이다. 특
히 어린이들은 수분 보충 방법을 잘 모르기 때문에 어머니가 해줘야 한
다. 따라서 이런 방법을 점포에서 제안해 제품 구매의 필요성을 강조, 판
매를 증대시키는 것이다. 주요 방법은 음식을 통해서 수분과 염분을 섭

취하는 것이다. 그러므로 영업사원은 자기 회사의 제품에서 염분을 보충할 수 있는 음료나 스낵처럼 소금이 첨가된 식품을 제공한다.

이러한 방법에는 세 가지가 있다.

- 테마 1. 땀은 보충돼야 한다(특히 어린이는 보충 방법을 잘 모른다).
  ① 수분 섭취
  ② 염분 섭취
  – 필요 음식: 과자나 음료로 섭취, 식사 시 섭취

- 테마 2. 시원함은 즐거움이다.
  ① 시원한 음식 섭취
  – 테마: "여름철에는 샐러드를 매일 먹자."
  신선한 야채는 더위를 이기는 영양분을 골고루 제공하며 또 먹을 때 느껴지는 신선함은 더위를 식혀준다.
  – 주재료: 고기(닭, 씨푸드), 양배추, 오이, 토마토
  – 드레싱: 조미료 판매 바이어는 얼마에 팔 것인지 가격을 제시하는 일이 전부이다. 그러나 영업사원은 양배추, 토마토보다 수박이나 과일 토핑(테마: 맛있는 샐러드), 또는 이태리풍 샐러드 등 여러 가지 시리즈를 제안함으로써 가격 요인을 희석시킨다.
  ② 에어컨 가동
  ③ 바캉스
  – 준비 음식
  – 간식, 음료

판촉계획서(요약—예)

- **목적** 매출 증대 3,000만 원

  점포 이미지 제고
- **시기** 다음 달 7~15일(매출 저조 기간)
- **목표 고객** 어린 자녀를 둔 30대 주부
- **제품군** 카레라이스

  · 핵심 제품: 카레

  · 부수 제품: 돼지고기, 양파, 감자 등의 야채와 커피
- **테마** 더운 여름에 별식으로 아이들의 입맛을 돋운다.

  어린 자녀와 같이 음식을 만들어 참여 분위기를 돋운다.
- **가격대** A— 1set 3,000원(3인용)

  B— 1set 5,000원(4인용 이상)
- **매대 위치** 야채 옆 공간 활용(사진 참조)

  매대 구성(그림 참조)

* 첨언: 카레라이스를 만들 때 커피를 조금 넣으면 카레 맛이 더욱 좋아진다.

※ 별첨 1. 제품군 A, B

      2. 매대 장소 위치 사진

      3. 매대 구성 그림(예)

- 테마 3. 더위 극복의 맛은 느껴본 사람만 안다.

  ① 보양식 섭취

  　 – 주식

  　 – 보조식

  　→ 건강 유지 방법 솔루션 제안: 장어＋요구르트 드레싱의 과일 샐러

  　　드(우유 회사는 드레싱을 팔 수 있고, 장어 판매도 증가한다)

→ 균형 있는 영양 섭취를 위한 제안: 햄버거＋치즈＋마시는 요구르트로 칼슘, 비타민을 강화(햄버거 구매의 거리낌을 제거할 수 있고 치즈와 요구르트를 팔 수 있으니 우유 회사는 더욱 매출을 증대시킬 수 있다)

② 이열치열 방법

– 주식

– 간식: 각 해당 부문별 코디네이트 제품 파악과 조건 확인

테마와 주요 내용 2: 아이들과 음식 만들기– 카레라이스 판매

• 고객 행동·원하는 사항: 아이들과 식사한다, 아이들과 같이 음식을 만든다. (제조업체 영업사원 제안)

① 요리 테마: 엄마와 같이 카레를 만든다.

② 카레 선정: 아이들이 좋아하는 카레(단맛의 카레)

③ 내용물의 선정: 주재료(고기), 부재료(신선 식품)

– 주재료: 돼지고기(산지, 성장 과정, 종류 선택– 흑돼지)

– 부재료: 당근, 감자, 양파 등

– POP: 흑돼지 강조

기본 방향

• 전체를 볼 수 있는 마인드가 필요하다.

• 작성 시기: 실행 4개월 전(점포 작성, 2개월 전에 메이커와 협의, 메이커는 2개월 전에 작성해도 된다)

• 판매 순위: 점포별, 제품별로 다르다. 따라서 이를 중심으로 제안서 내용이 달라야 한다.

- 과자, 음료, 통조림: 과자, 음료, 통조림은 바이어가 다르다. 바이어의 동조를 얻기 위해 제안서가 잘돼야 한다.
- 커피 행사: 커피가 주제품이므로 부제품은 가격을 중심으로 판매할 필요가 없다.

• 주별 판매에서 해당 주가 지난 뒤 잘 팔린다면 이는 해당 주에 기회를 놓친 것이다. 잘 팔리는 해당 주에 확대 판매를 해 기회를 잡을 수 있다.

• 필요 제품군 선정
- 주제품: 가격 단위로 판매해야 한다. 단, 가격은 너무 싸지 않게 판매해야 하는데 이때 분위기 조성이 필요하다. 충동구매 유도는 가격의 저항을 낮출 수 있다.
- 부제품: 주제품이 아니고 필요로 하는 제품이므로 소비자는 가격에 민감하지 않다.
- 주·부제품의 60~70퍼센트는 가격 결정이 정확하지 않다. 바이어도 잘 모른다.
- 제품별 판매 순위가 점포별로 다르다. 따라서 이를 중심으로 제안서 내용이 다르다. 또 No.1, No.2 제품의 판매 제안도 다르다.

점포 판촉계획서 작성(예)

온도 변화에 따른 테마도 검토해볼 만하다. 10도에서는 난방이 시작되고 방한 의류가 팔리기 시작하며, 15도에서는 음식이 부패하기 쉬워지고 냄비요리 재료가 팔리기 시작한다. 20도는 남성에게 최적의 온도이며 바퀴벌레가 눈에 띄기 시작한다. 그리고 맥주, 아이스크림, 에어컨이 팔리기 시작한다.

또 여름에 기온이 1도씩 오를 때마다 필요한 제품은 무엇이 있을까?

26도에서는 살충제가 팔리기 시작하며, 27도에서는 아이스크림, 수박의 판매량이 증가한다. 28도에서는 자외선 차단크림이 팔리고 특히 호프집의 매출 증가 폭이 높아진다. 30도가 되면 아이스크림이 20도 때 팔리는 양보다 두 배 많아진다. 셔벗 매출도 증가하며 맥주, 우유도 판매가 폭발적으로 증가한다.

대상 제품 선정 시 자사 제품군과 타사 제품과의 연계성, 주력 제품과의 조화

제품, POS 정보가 기준이 되며 제품 판매 순위도 참고한다.

① 주·부제품 결정: 우리 회사의 제품이 주제품이 될 것인가, 아니면 다른 회사의 제품이 주제품이고 우리가 부제품인가를 결정해야 한다. 주, 부제품의 역할을 정확히 해야 한다. 이런 사항이 처음이라서 우리 회사 제품이 부제품이 되더라도 모두 시행해야 할 상황이 필요할지도 모른다.

② 협조 회사와 공동 마케팅 협의
  - 해당 판촉 대상 제품 보유 회사와 공동 마케팅 협의: 판촉기획(안)이 작성될 때 미리 협의를 해 결정해야 한다.
  - 제품 지원 협의와 판매 수수료 지원 결정: 점포에서 어떠한 지원을 해 줄 수 있는지 점주나 바이어와 사전 협의를 통해 결정하면 판촉기획서를 더 수월하게 작성할 수 있다.

판촉 자료 준비

① 판촉 도구와 자료 준비: 주 판촉 도구는 무엇인가? 행사 콘셉트, 제품 개념이 정해지면 어떠한 도구가 필요한지를 행사 참여자와 토의해 결정한다. 특히 소비자에게 알리고자 하는 사항은 정확히, 잘 보일 수 있도록 하며 만약 판촉사원이 배정되면 제품 설명을 정확하게 해야 한다. 소비자가 바로 알아볼 수 있고 소비자의 잠재욕구를 일으킬 수 있는 도구가 필요하다.

② POP 작성: POP의 중요성은 계속 증가하기 때문에 이에 대한 세심한 배려가 필요하며 여러 가지 POP 유형을 만들어서 이들의 효과 측정도 아울러 시도해봐야 한다. 자세한 POP 방법을 확인한다.

③ 점포 준비: 우선 어느 장소에서 실시할 것인지 장소를 결정한다. 소비자를 유도할 수 있는 동선을 그려보고 해당 유인 동선에 비치할 사항을 정리한다. 해당 장소에는 어떠한 형식으로 진열할 것인가를 결정한다. 이러한 결정이 시행되면 해당 유형의 효과를 파악해 자료화해야 한다.

제품 조건

① 판촉 사례, 판매 지식, 미디어 정보, 업계 정보 등 필요
② 제품 정보(기본, 부가, 중간 기능) 내용을 명확히 제시
- 테마에 맞지 않는 정보 삭제
- TV, 라디오, 잡지 광고 등 소비자 인식 방법 선택에 대한 정확한 파악

진열 전개 모델 작성

왜 해당 장소가 필요한지 밝힌다. 매대에서 POP를 전개하는 방법을 전방 판촉이라 한다.

연출: POP 문구

제품 특성을 소비자에게 전달하는 방법으로 POP가 있다.

POP의 목적은 점포를 찾는 소비자들에게 그 상품 가치를 정확하게 전달해 구매 의식을 자극하고 판매를 촉진하는 것이다.

하나의 제품의 기본 가치를 결정하는 항목으로는 'ㅇㅇ산 소고기를 사용하였습니다'와 같이 '당분, 염분, 수분' 등으로 표현되는 맛과 제조법, 크기, 상태, 가격, 양 등이 있다.

워크시트 10_ POP 작성을 위한 정보 정리

항 목	생활자에게 전해지는 특징	생활자에 주는 혜택	우선순위	카피 작성
맛				
소재 원료				
산지				
제조법				
크기, 형태				
가격				
양				
생활 장면 용도				
이용 방법				

또한 어느 때에 먹는지 등 생활 습관별 용도 및 새로운 메뉴, 사용법 등도 있다. 이들 상품의 기본 가치와 각 항목마다 소비자에게 전달하려는 특징을 기록해둔다. 그리고 이 상품을 사용하면 소비자에게 어떠한 메리트가 있는지도 기록한다. 그 후 우선순위를 정하고 각 항목별로 재구성한다. 그 다음에 그 상품을 사용할만한 생활 장면을 떠올릴 수 있는 시각적인 사진이나 일러스트를 작성한다.

베이커리 카페

• 품질: 일반적인 제품의 품질(맛, 디자인, 모양 등)

그림 3_ 현재 베이커리 사업의 경영가치사슬 변화(예)

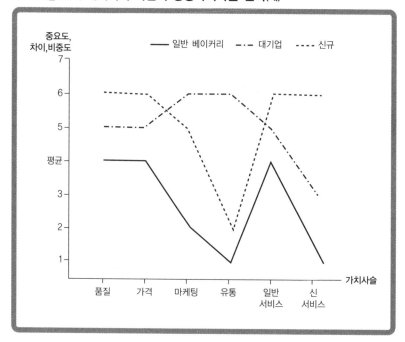

일반: 평균, 대기업: 5, 신규: 6

- 가격: 일반적으로 판매되는 제품에 대한 평균 가격

  일반: 평균, 대기업: 5, 신규: 6

- 마케팅: 점포와 제품을 알리는 광고, 판족활동

  일반: 2, 대기업: 6, 신규: 5

- 유통: 동일 제품을 판매하는 점포 수(개별 점포와 프랜차이즈는 비교 대상이 안 됨)

  일반: 1, 대기업: 6, 신규: 2

- 일반 서비스(즉석 제조 판매, 점원의 고객 응대 상태, 제품 진열 상태와 제품의 다양성, 점포의 청결성 등)

  일반: 평균, 대기업: 5, 신규: 6

- 신 서비스: 고객을 위한 새로운 서비스(대화의 장소 제공, 점포의 이용 방법 다양성, 한 단계 질이 좋은 제품 제공 등)

  일반: 1, 대기업: 3, 신규: 6

  = 가치사슬의 변화 흐름: 가격은 비싼 편이나 품질이 좋고 서비스가 잘 되고 있다. 특히 제공되는 새로운 서비스가 다양화되고 있다.

가치사슬 중심의 검토 방법(예)

위의 표에서 보면 베이커리 카페가 대기업 점포보다 점포 수가 적어 편리성에 대한 만족도가 낮은 편이지 다른 요소들은 대부분 우위를 나타내고 있다. 이 결과를 보면 새로운 고객만족 가치의 변화가 이해되고 앞으로 어떠한 사업 방향을 지향하는지를 알 수 있다.

표 18_ 평가내용(예)

내용	일반	대기업	베이커리 카페
효용성	3	4	5
품질수준	3	4	5
가격수준	4	4	2
구매편의	2	4	2
사용편리	4	4	4
감성이미지	3	4	5
제품다양성	4	4	2
서비스수준	2	3	5
편리(편의)성	3	4	3
품질수준	–	–	–
가격수준	–	–	–
구매편의	2	4	2
사용편리	4	4	4
감성이미지	–	–	–
제품다양성	4	5	3
서비스수준	3	4	5
격상된 느낌	3	4	5
나만의 멋	3	4	5
경험 구매	3	3	3
더 좋은 것	3	4	5

1	2	3	4	5
매우 불만	비교적 불만	그저 그렇다	비교적 만족	매우 만족

즉 가격은 비싼 편이나 품질은 좋고 서비스가 잘되고 있다. 특히 새로운 서비스가 다양화되고 있다.

또한 가치의 변화 흐름을 보면, 가치 만족도에서는 가격보다 품질이 더 중요하기 때문에 식품류는 맛이 더 좋아야 한다. 또 프레스티지를 느끼면서 여유로운 생활을 할 수 있는 곳이어야 한다.

현재 경쟁에 같이 참여한 회사들의 사업 정의를 보면 새로운 여유 문

그림 4_ 가치 검토

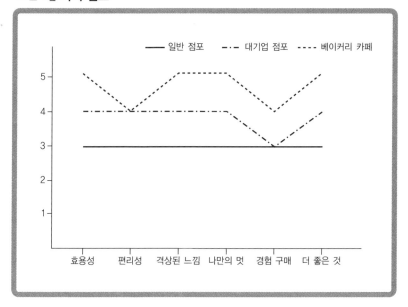

화 창조, 새로운 맛, 다양한 맛의 제공 등으로 구별된다. 여기서 어떤 사업의 정의가 새로운 경쟁우위를 확보해 가장 많이 성장할 것인가를 확인해보자. 아직 이들 사업은 초창기 시장이므로 앞으로 서로 약간의 변화는 있겠지만 이들이 취하는 전략과 고객의 동향을 좀 더 면밀히 관찰해보자.

가치 변화

고객욕구 중심으로 베이커리 점포를 준비해보면 지금보다 더 맛있고 다양해야 한다. 1인당 객단가는 일반 베이커리 점포보다는 높지만 유사 경쟁업체보다는 낮은 편이 좋다.

제품 종류와 신선도가 잘돼 있을수록 고객은 더 좋아할 것이다. 그리

그림 5_ 베이커리 사업의 가치포지셔닝(예) - 새로운 경쟁자를 가상한 경쟁 매트릭스

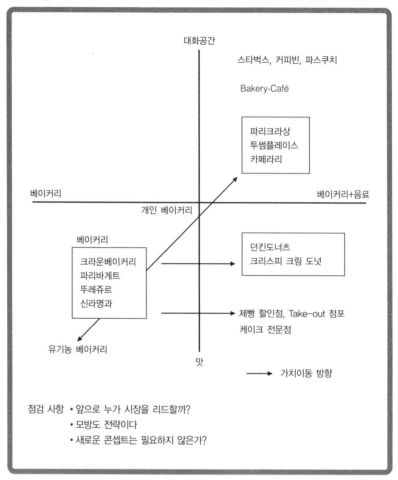

고 점포가 많아 쉽게 이용할 수 있도록 한다. 점포 분위기는 고급스럽지 않아도 되지만 대화나 인터넷 등을 할 수 있는 편안한 분위기이면 좋다.

표 19_ 가치변화

가치 구분	기존 사업	유사경쟁 사업	고객의 욕구(안)
핵심제품의 맛	맛있다	맛있다	더 맛있게
맛의 다양성	많다	특정 제품 중심	많다
객단가	낮다	높다	보통
접근성	좋다	보통	좋다
제품다양성	많다	적다	많다
제품신선도	좋다	보통	좋다
점포분위기	낮다	좋다	비교적 좋다
대화의 장소	없다	있다	있다

접근성: 점포가 많아 찾아가기가 수월하다
신선도: 즉석제품을 보유하고 있다.
분위기: 점포 내에서 자유롭게 다니고 자기 일도 할 수 있다

베이커리 사업의 새로운 가치

베이커리 사업의 방향

베이커리 사업 방향은 다음과 같이 구분해 볼 수 있다.

① 맛: 맛있는 빵과 제품의 다양화

② 멋: 자기만의 프라이드를 느낄 수 있다.

③ 장소: 이용과 구매 편리성, 맛과 새로운 미각을 제공

④ 차별성: 맛과 멋의 차별화

⑤ 즐거움 : 여유와 만족감(서비스 포함)

⑥ 문화(공간) 사업: 새로운 감성 자극, 새로운 느낌의 문화를 제공

그림 6_ 가치 비교

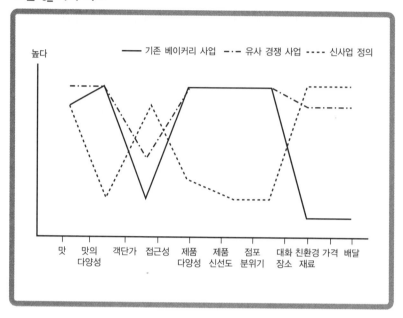

경쟁우위 요소

현 기업의 여건에 따라 선정해 정확한 추진이 필요하다.

- 재료 중심: 유기농, 천연재료 사용 증가(유기농 베이커리점)

- 맛 중심: 더욱 부드럽고 담백하고 고소한 맛을 제공(좀 더 맛있는 베이커리점)

- 점포 중심: 좀 더 아늑하고 편안한 곳을 제공(편안한 분위기를 느낄 수 있는 베이커리점)

- 판매 방법 중심: 개별 관리, 배달(고객에게 편리성을 제공하는 베이커리점)

- 가격 중심: 베이커리 할인점, 고급 베이커리, take-out용 소형 점포

- 서비스 중심: 차별화된 고객 감동 연출

주요 점검 사항

- 제품 선정: 맛, 주요 제품군

- 점포: 분위기, 색상, 진열 소재와 진열, 동선, 벽면 처리

- 제품 제조: 제조, 가공 기능(소비자가 직접 참여)

- 비중이 높아진 사업 방법: 주문, 배달(대용식, 간식, 접대, 행사)

- 고객관리: 이웃에 있는 빵집에서 DB, 반복 구매, 원료 판매, 가공 지원, 강습 강화(주 단위)

- 고객의 문화 공간, 대화 공간

소비재 영업사원의 역할 변화와 정예화

슈퍼마켓에 제품을 판매하는 영업사원은 어떻게 영업을 해야 할까? 결론은 지역관리 조언자(컨설턴트)가 돼야 한다.

영업사원은 제품 배송, 회사 방침 전달, 수금을 담당하는 사원이 아니다. 영업사원은 회사의 이익을 창출하는 회사의 첨병인 전략적 사업단위SBU; strategic business unit이다. 따라서 앞으로 영업사원의 역할과 개념이 변하지 않으면 우리는 과거와 같은 시행착오를 계속해 경쟁력이 점점 감소할 것이다.

- 제안 1. 소매점의 분위기가 어떻게 변해야 고객이 더 많이 찾아오는가? 소비자에게 우리 점포의 이미지를 어떻게 이해시킬 것인가?

  슈퍼마켓은 생활 잡화점, 채소 및 과일 전문점, 식품점, 일용품점, 반찬점 등으로 해당 필요 제품 매출액이 50퍼센트 이상을 차지하는 경우를 말한다. 슈퍼마켓은 전문화돼야 하고 또 그렇게 되고 있다. 귀하의 거래처도

표 20_ 영업사원 역할의 변화

구분	1960~1970년대	1980년대	1990년대 ~2000년대	2000년 중반 이후
시장특징	제품 부족	제품경쟁	고객욕구 충족	고객 만족
영업방법	고객 접근/설득	제품차별성	제품논리성	제품이익/효과
영업포인트	제품지식	제품지식	고객욕구 적합성	고객이익 극대화
영업특징	필드영업	필드영업	제안영업	세일즈 솔루션
영업사원 역할	제품배송	판촉지원	제품차별성 안내	이익증대 지원
핵심역량	제품지식 상담요령 거절 처리	제품지식 거절 극복 수금방법	제품차별성 고객접근방법 진열방법	마케팅지식 제품논리성 증명 이익관리
사고패턴	적극적 사고	적극적 사고 진취적 행동	논리성	논리성, 종합적 사고

이제 전문성을 가질 시점이다.

• 제안 2. 고객이 후회 없는 구매를 하게 하려면 어떤 제품 준비와 구입 제
  안을 해야 하나?

같은 지역이라도 제품 판매 수량, 제품의 크기 등이 다를 수 있고 유사
제품이 더 잘 팔릴 수 있다. 현재의 주문은 영업사원이 거래명세표를 건네
면 점주가 다시 수량을 정하고 특별한 사항이 있으면 주문을 한다. 특별 판
매가 있으면 좀 더 구매하고 남으면 반품하며 신제품, 광고 제품만 선호하
는 상황이 반복되고 있다. 이처럼 편중된 제품 판매로 영업사원도 균형 판
매가 어려워지고 있다. 이제는 회전율도 좋지만 이익률도 생각해 제품 판
매가 균형을 이루도록 거래처를 도와줘야 한다.

• 제안 3. 판매사원은 어떤 지식과 자세로 고객을 대해야 하는가?

표 21_ 솔루션 영업사원의 역할과 주요 업무

	영업사원의 역할(예 1)	영업사원의 역할(예 2)
주요 역할	회사의 정책 전달자 제품소개 및 경쟁전략가	거래처 성과 증대 컨설턴트
주요 내용	제품지식 보유, 제품 설명, 제품 배송 대인관계, 수금 및 거래처 관리 적극적 사고와 신념	거래처의 생산성 향상 및 경비 절감 방안 제시 제품 활용의 다양한 방법과 효과 전달 기타 제반 성과 증대 솔루션 협의
관리 포인트	매출액 상품지식 습득력 수금 및 대인관계 능력 경쟁, 시장정보 파악 및 분석능력	제품별 매출 및 이익 증대 다양한 이익 창출 및 경비 절감 마인드 문제해결능력 고객관리 연구
주요 능력	상품 지식/회사영업방침 전달 고객 접근 및 상품 설명 수금 및 거래처 동향 시장, 고객, 경쟁사 동향 조사	고객의 욕구변화 파악 해당 제품의 가치분석 가치사슬 파악과 이익 관리 자원 활용과 문제 해결
부수 능력	회사 자산관리 전표정리 및 장표 마감 재고관리 부실채권관리 및 기타	재무제표 작성 및 활용 경비 절감과 생산성 효과 분석 거래처 및 자산, 재고 활용
필요 자세	적극적 사고/진취적 행동 순발력/대인관계	논리적/문제해결 능력 대인관계/마케팅 마인드

이제는 안면 판매보다 실력을 갖춘 판매가 더 필요한 때가 오고 있다. 일은 쉽고 시원시원하게 처리해주지만 제품 지식, 예의, 계산, 항의 처리 등에는 정확한 사람, 확실한 사람이라는 이미지가 필요하다. 얼굴에는 항상 웃음을 띠며 친절한 자세로 고객을 대해야 한다. 필요하지만 목표 달성에만 급급해 중요성에서 후순위였던 사항들의 비중이 점점 커지며 현실화되고 있다. 앞으로는 이런 기능이 더 중요하게 대두될 것이다.

이상과 같이 과학적인 영업활동을 통해 자기만의 노하우를 갖추고, 활동 범위와 역할이 변해야 평생 직장이 아닌 평생 직업을 가질 수 있는 영업사원이 될 수 있다.

03

산업재 비즈니스 솔루션

산업재, 준 소비재 제품은 소비재와는 달리 구매자와 사용자가 분리돼 있는 경우가 많아 이에 대한 검토가 필요하다. 예전에는 주로 가격 중심의 구매를 해 좀 불편하거나 또는 효율이 낮더라도 구매, 사용하는 경우가 많았다. 하지만 이제는 구매자의 요구와 사용자의 의견을 반영해야 판매가 되는 것으로 영업 여건이 달라졌다.

이런 상황에서 어느 제품/서비스나 가장 보편적이며 정확히 분석할 수 있는 것이 가치사슬이다. 앞의 소비재 사업모델 내용에서는 가치구조라고 말하고 있다. 즉, 제품/서비스를 만드는 과정에서 필요한 여러 단계를 확인한 후에 각 단계별 특징과 공헌할 요인을 찾아 구매자나 사용자에게 제시해 경쟁 제품보다 차별적 우위를 구축해야 하는 것이다.

그리고 이런 상황은 거의 모든 산업에 적용돼 유용하게 활용되고 경

그림 7_ 고객경험 과정분석을 통한 사업기회 창출방법(예)

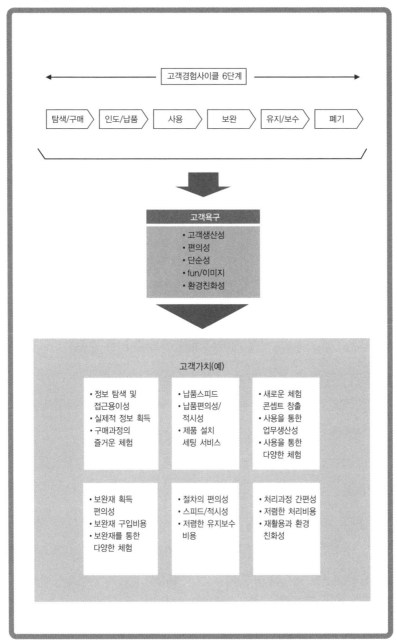

쟁우위를 갖출 수 있는 기본 검토가 된다.

가치사슬이란 제품 개발에서 판매, 그리고 판매 후 서비스(A/S 포함)까지의 모든 경영활동을 말한다. 그리고 각 제품/서비스에 따라 가치사슬의 내용과 구체화되는 특징이 달라지므로 각기 회사에 적합한 가치사슬 체계를 구축해 활용해야 한다.

일반적인 가치사슬은 제품 개발 전에 개발욕구를 찾아보는 시장조사부터 시작해 제품 개발, 재료 구입, 생산, 배송 및 저장, 유통, 판매 및 마케팅, 서비스, 고객관리 등을 검토할 수 있다.

산업재 가치의 변화

산업재 구매욕구의 변화를 보면 초창기에는 제품이 부족해 제품을 만드는 것이 중요했다. 이 때문에 일단 제품의 질을 갖추고 많이 파는 것이 우선이었으며 품질 증대에 관심을 가지고 있었다. 이후 제품이 포화 상태를 이루자 경쟁력을 갖추기 위해 기업의 생산 프로세스 중심의 원가 절감을 통해 가격 비교우위를 구축하려 했다. 그러나 최근에는 제품의 질이 별 차이가 없고, 가격경쟁으로는 수익성을 갖추기가 어렵다. 결국 가격경쟁이 아닌 가치사슬의 문제를 해결해 경쟁력을 갖출 수 있는 솔루션 중심의 차별적 우위를 구축하게 됐다(표 21 참조).

그러나 솔루션은 과거와는 다른 방법이다. 기존의 영업 방식과 체계를 바꿔야 하는 숙제를 안게 돼 그리 쉽게 업무 체계화를 할 수 없다는 것이 문제이다.

산업재의 판매 특성 중의 하나는 구매자, 사용자, 의사결정자가 다르

그림 8_ 산업재 고객들의 필요가치

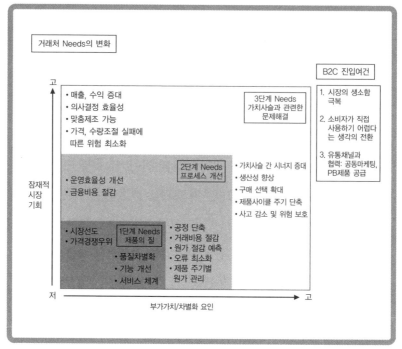

출처: 니르말야 쿠마르 저, 김상욱 · 전광호 역, 《CEO에서 사원까지 마케팅에 집중하라》, 김영사, 2006.

다는 것이다. 특히 가격, 품질이 의사결정의 기본사항이었던 과거와 달리 이제는 필요가치를 제공해야 하므로 이해 관계자들에 대한 정확한 확인이 필요하다.

그림 8은 산업재 구입 시 이해 관계자들의 욕구(필요가치)의 예를 정리한 것이다.

거래처의 구매자 그룹을 확인해 이들에게 적합한 제안서나 자료를 준비해 대화한다면 귀사의 영업은 좀 더 활성화될 것이다.

사용자가 생산부서이면 불량 및 비용 감소와 공정 개선에 관련된 자료를, 그리고 마케팅과 관련이 있다면 제품 가치와 시장경쟁력 증대에

표 22_ **고객욕구 종류(예)**

고객욕구 특징 \ 구매, 사용자	구매담당	생산담당	R&D팀	영업담당	마케팅	CEO	최종소비자
매출증대	-	-	제품차별화 자원	구매력 증대	제품가치 증가	-	제품 판매 증가
정보 활용	수요예측력 강화	생산관리 정보 습득	-	고객구매정보 정확한 파악	고객구매정보 정확한 파악		브랜드 인지도 향상
투자비 절감	구입비용 절감	불량율 감소	구매, 개발비 감소	-	-	투자자금 감소	-
생산성 증대	-		생산과정 정리	-	시장성과 증대	투자수익률 증대	-
실수와 오류 최소화	발주 관리 지원		개발오류 감소	제품경쟁력 강화		-	구입 오류 감소
비용 절감	온라인 전자거래	생산비 감소	개발기간 단축	-	시장투자비 절감	영업이익 증가	-
제품기능	-	-	공동개발	제품가치 증가	포지셔닝 개선	-	만족도 증대

대한 자료를 검토해볼 수 있다. 전체적으로는 역시 CEO를 만족시켜야 하므로 투자금액 절감과 투자수익률 관련 자료를 반드시 챙겨야 한다.

예를 들어 기계를 납품한다고 하자. 구매담당자가 가장 중요하게 생각하는 것은 가격일 것이다. 그 다음은 기계의 기술동향이기 때문에 해당 기계의 구입 적기를 확인해 구입할 것이다.

그런데 이 기계가 생산담당자들이 사용하는 것이라서 그들의 관심은 제품생산의 불량율의 감소, 생산공정의 효율성에 대한 기여도, 생산비용의 감소, 자체 기계의 고장율과 수리기간을 매우 중요시할 것이다. 경영자는 해당 기계 구입비의 회수기간, 생산성의 향상, 나아가 제품경쟁력의 증대에 대해 관심을 가질 것이다. 이같이 구매회사의 구매자, 사용자, 경영자의 관심도가 다르므로 이에 적합한 제품을 만드는 것이 당연하다. 이를 구매이해 당사자들이 정확히 이해할 수 있도록 관련 자료를 잘 만들고 정확한 설명을 하는 것이 필요한 것이다. 이것이 비즈니스 솔루션의 기본이다.

4C 관점의 산업재 마케팅

산업의 특성과 사업 환경 변화를 살펴볼 때 최근에는 산업재 마케팅이 더 고객 중심적이어야 한다는 것을 알 수 있다. 산업재 기업들은 여전히 고객 중심적 마케팅 활동보다는 제품이나 가격을 중심으로 한 영업 관리적 마케팅 활동을 전개하고 있어 이를 탈바꿈하기 위해서는 더욱 마케팅을 강조해야 한다. 최근 비교적 많은 기업들이 고객 관점 마

그림 9_ 4C 관점의 마케팅 믹스

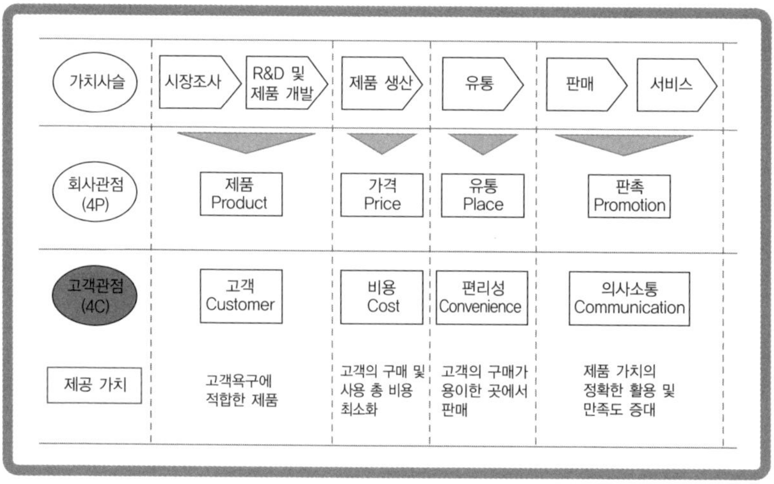

케팅의 중요성을 인식하고 있다. 그럼에도 불구하고 마케팅에 대해 어디서부터 접근해야 하는지를 잘 모르거나 변화와 혁신에 따른 위험부담으로 인해 영업 관리적 마케팅이 반복되고 있는 것이 현실이다. 이러한 문제점을 해결하기 위해 산업재 기업들은 가치사슬 상에서 마케팅활동을 기존의 4P 관점이 아닌 4C 관점으로 접근하는 것이 필요하다.

첫째, 경쟁력은 고객욕구에 적합한 솔루션을 제공하는 것이다.

산업재 기업들은 제품의 차별화 요인이 감소하고 있고 경쟁이 더욱 치열해지는 상황에 점점 빠져들고 있다. 즉, 경쟁사들이 빠른 속도로 제품의 새로운 특징이나 장점을 모방해 제품의 차별화를 무력화시키고 있으며 영리한 고객들은 브랜드 프리미엄을 지불하지 않으려 한다.

이런 현상에 직면한 기업들이 선택할 수 있는 방법은 기술적 차별화보다는 고객의 욕구에 적합한 제품/서비스를 제공해 비교우위를 구축하는 것이다.

고객이 가장 관심을 가지고 있는 분야의 해당 제품/서비스를 구입하면 회사에 어떤 도움이 될 것인가? 저렴한 구매는 구매 시 금액 절약의 효과가 있다. 그런데 이 제품이 고장이 자주 발생해 실제 활용도가 낮아진다면 그 제품은 이익을 증대시키는 데 별로 공헌하지 못하는 것이다. 또는 작동이 불편해 숙련공이 다뤄야 하거나, 수리비용이 많이 소요돼 운영비용이 높아지는 경우도 있다. 이와 같이 실제 현장에서 사용했을 때 회사에 도움이 되는 것이 고객의 더 중요한 관심거리이다.

따라서 철저한 시장조사를 통해 고객을 더 잘 이해하고(특히 구입자와 사용자가 다른 경우에는 이에 대한 조사가 더욱 세밀해야 한다) 그에 따라 제품/서비스 연구 개발 단계부터 고객의 만족도를 높일 수 있는 방법을 제시해야 한다. 앞에서 사례로 든 롤스로이스 엔진에 대한 내용을 참고하면 좋다.

귀사는 아래의 세 가지 사례 중에 어느 제품을 구입하는 것이 회사에 도움이 되는가? 보편적인 답이 없다. 회사마다 최우선으로 필요한 것이 다르기 때문이다. 회사에 기계 숙련공이 있어 고장을 줄일 수 있고 빠른 일처리가 필요한 회사라면 제품 A가 적정할 것이다. 일이 바쁘고 관리할 수 있는 인원이 적은 회사라면 고장률이 적은 제품 B를 선택할 것이다. 그러나 구입 금액에 대한 부담을 낮출 수 있는 방법을 찾아야 한다.

제품 C는 최근에 성능이 좋아져서 구입 및 사용에 큰 어려움이 없지만 회사가 자금 부족으로 경영이 취약하다.

이와 같이 선택의 폭과 고객의 욕구는 다를 수 있으므로 고객 유형별 대응 방법을 만들어 사용하면 좋은 성과를 얻을 수 있을 것이다.

표 23_ 제품별 제공가치(예)

	제품 A	제품 B	제품 C
구입가격	1억 원	1억 3천만 원	1억 1천만 원
기본제공조건 -A/S기간 -A/S비용	1년간 무상 전액무상	2년간 무상 주요부품비 부담	1년간 무상 전액무상
고장빈도 기기점검순회주기 A/S기간(주요시스템 고장)	3회/년 매월 3일	거의 없음 매월 신제품 교체	1회/년 매월 1~2일
작동편의성 업무처리속도 소요전력(월) 최근발생문제	숙달자 필요 3분 100w A/S기간 5일	초보자도 가능 5분 80W 신제품 교체기간 지연	초보자도 가능 5분 90W 없음

둘째, 가격경쟁이 아닌 고객의 총비용customer total cost 절약을 위한 제안이 필요하다.

그렇다면 제품을 개발하는 단계에서 무엇을 중심으로 개발해야 하는가?

위 사항대로 구입 회사 상황에 적합한 기준을 만들어 비용을 정해서 실제 회사에 미치는 영향을 점검해보면 구입 시 많은 도움이 될 것이다.

실제 회사에 미치는 영향을 금액으로 환산한 예 중에는 제품 A가 범용적으로 사용할 수 있는 것으로 나타났다.

이와 같이 산업재는 구입 회사에 다양한 이익이 될 수 있도록 해야 하며 각 회사별 제안서를 작성할 때 반드시 필요한 사항이다. 이외에 생산성, 업무 처리 단계 축소, 비용 절감 등 자세하고 넓은 영역까지 다룬다면 더욱 경쟁력을 갖출 수 있다.

표 24_ 제품별 제공가치의 금액환산과 실제 가치 비교(예)

	제품 A	제품 B	제품 C
구입가격	1억 원	1억 3천만 원	1억 1천만 원
기본제공조건 -A/S기간 -A/S비용	1년간 무상 전액 무상	2년간 무상(-1,000만 원) 주요부품비 부담(+100만 원)	1년간 무상 전액 무상
고장빈도 기기점검순회주기 A/S기간(주요시스템 고장)	3회/년(+300만 원) 매월 3일(+600만 원)	거의 없음 매월 신제품 교체	1회/년(+100만 원) 매월 1~2일(+400만 원)
작동편의성 업무처리속도 소요전력(월) 최근발생문제	숙달자 필요(+200만 원) 3분(-600만 원) 100w(+100만 원) A/S기간 5일(+200만 원)	초보자도 가능 5분 80W 신제품 교체기간 지연(+500만 원)	초보자도 가능 5분 90W(+50만 원) 없음
계	1억 800만 원	1억 2,600만 원	1억 1,550만 원

(예)　• 증가된 수익

• 제거된 비용

• 회피된 비용

• 무형의 혜택: 영업 인력의 의욕 증대, 성수기 초과근무 해소
회사 전체의 사기 진작, 채용시장에서 이미지 제고 등

대부분의 산업재 기업들이 사업 환경의 변화로 인한 제품의 범용화
에 대해서 가격 차별화를 통해 경쟁우위를 확보하려는 경향을 보인다.
하지만 제품 개발 단계에서부터 제품/서비스가 고객에게 어떠한 이득
을 제공해줄 것인지를 따져본다면 얘기는 달라진다. 자사가 판매하는
제품의 경제적 가치는 고객들이 가장 우수하다고 생각하는 제품의 가
격에 고객들이 자사 제품을 구매해 사용함으로써 얻을 수 있는 사용 가
치(차별화 가치)를 더하거나 뺀 것이다(자사 제품의 경제적 가치=시장에서
가장 우수한 제품의 가격±자사 제품 사용 시 얻는 추가사용 가치). 따라서 범
용화에 연연하지 말고 부가되는 서비스의 가치 향상으로 사용 가치를
높임으로써 고객 총비용을 상대적으로 낮추는 것이 바람직하다. 이를
통해 고객은 더 큰 만족을 얻을 수 있고 기업은 더 많은 마진을 확보할
수 있다.

필요에 따라서는 전체 비용과 선택 비용을 정해 각 회사에서 필요한
모형을 선택해 실제 구입비 및 활용도를 높이는 방법도 최근에 많이 사
용되고 있다. 이처럼 선택 모형과 같은 정교한 기법을 도입하는 것도
경쟁우위 요소가 될 수 있다.

셋째, 고객이 편리하지 않으면 사용하지 않는다.

기존 B2B 기업들은 유통관리를 통해 내부의 리스크를 줄이고 기능을 효율화시키는 데 주력하고 있다. 유통을 통해 재고 및 금융 부담을 줄이고 고객과의 접점과 영업활동의 역할을 대신해 비용을 절감하고 고객과의 관계에서 발생하는 어려운 문제들을 피하려고 한 것이다.

하지만 경쟁이 심화되고 고객의 요구가 다양하고 복잡해지면서 과거 생산자나 시장지향 관점의 유통으로는 더 이상 경쟁력을 확보하기가 어려워지고 있다. 이제는 고객에게 얼마나 편리한 유통 채널을 제공할 수 있는가라는 고객 입장의 유통 관점으로 고객 세분시장을 발견해야 한다. 백화점, 편의점의 인기비결이 바로 편리성이다. 새로운 가치를 제공하거나 비용 면에서 좀 더 효율적인 비즈니스 유통모델을 제시하는 것도 중요하다. 이런 이유로 최근에는 인터넷 쇼핑몰이 성장하고 있다. 즉, 유통은 이제 고객의 편의성에 초점을 맞춰 기업이 판매하고 싶은 곳에서의 판매를 중단하고, 고객들이 구매하고자 하는 곳에서 판매를 시작하는 것으로 바꾸어야 한다.

넷째, 고객과 잦은 대화를 해야 한다.

산업재 사업모델은 인적 판매가 주류를 이루고 있다. 그러나 정보화가 급속히 진행되고 제품/서비스 품질의 차이가 별로 없으며 경쟁 회사들의 출현으로 이제는 자신들의 기대 수준에 부합하지 못한다고 판단되면 과감하게 다른 업체로 바꾸는 경우가 많다.

따라서 단순 인적 판매가 아닌 제품이나 서비스에 대해 보다 전문적인 정보와 지식을 제공해 실제 고객사의 문제를 해결해주는 사업 방법이 경쟁우위를 갖춰야 하는 필수조건이 됐다. 이제는 고객문제를 정확히 빨리 알아낼 수 있는 체계가 필요한데 이는 고객과 자주 대화하는 방법밖에는 없다. 담당자도 전문적이고 적극적이며 체계적인 고객관리 마케팅을 실시해야 한다.

그런데 지금까지 살펴본 성공적인 마케팅 믹스도 가치사슬 전체적으로 일관된 고객 중심 철학이 확립돼 있지 않다면 큰 난항에 부딪힐 것이다. 초창기의 부엌가구 시장에는 두 개의 큰 경쟁사가 있었다. 한 곳은 상담 시 해당 아파트에 놓일 가구의 모양과 색상 분위기를 즉시 보여줬고, 또 다른 회사는 30분 이후에 다시 오면 보여줄 수 있다고 했다. 고객은 어느 회사를 찾아가고 싶을까? 고객 중심 철학이 왜 중요한지를 보여주는 단적인 사례다.

만일 고객 중심 철학이 특정 기능에서만 발휘된다면 대부분의 부서들은 생산성이 낮다는 비판을 피하기 위해 고객을 위해 장기적으로 가치를 창출할 것이다. 또한 기업의 성공 역량을 높이려고 하기보다 단기적인 판매 촉진, 인적 판매, 밀어내기식 매출과 같은 수단을 통해 시장 점유율이나 매출액을 향상시키기 위한 노력만을 하게 될 것이다.

산업재 마케팅의 필요사항

최근에 이동통신 회사들의 경쟁은 치열하고 다양화되고 있다. 이제는 통화의 범위를 넘어서 무선인터넷을 이용한 업무 처리, 연락, 정보 취득 등 사용 범위가 넓어지고 다양화되는 것이다. 그런데 이를 판매하는 영업사원이 이를 충분히 설명하지 못하는 것 같아 실제 매출 확대는 상품력에 비해 그리 크지 않은 것으로 판단된다.

실제 본인이 자문하는 회사에서 이를 시행하기 위해 추천해봤는데 도입이 어려운 이유는 간단하다. 해당 제품과 서비스의 담당자가 서로 달라서 각자가 이야기하는 솔루션 내용이 고객 회사의 욕구에 적합하게 전달되지 못했던 것이다. 또한 전체적으로 다뤄야 할 내용인데 제공 회사가 이를 총괄적으로 설명하지 못해 실제로 도입하기가 어려운 것이었다.

마치 자기 제품만 팔면 된다는 식으로 대하면서 이를 고객 중심으로 해결해주려는 노력을 하지 않았다. 이는 전체적으로 판단해 솔루션을 제공할 능력이 부족했기 때문이다.

프랜차이즈 회사는 본사 영업사원이 회사와 처리할 업무, 영업사원과 프랜차이즈 점포의 업무, 프랜차이즈 점포 내의 업무, 대고객 관리 업무 등 네 가지의 업무를 해야 한다.

영업사원의 주 업무는 영업사원 및 점주와의 업무 교류가 중심이 되며, 정확하고 신속한 점포 및 제품 관리, 본사와 업무 처리 등이 있다. 또한 영업사원의 영업점에서의 업무는 점포 및 매출, 재고 관리, 판촉 활동 등이 있다. 영업점 자체에서는 매출 관리, 고객의 점포 내 무선인 터넷 이용, 방범 관리, 제품 관리 및 재고 파악, 고객 및 판촉활동 관리 등을 한다.

마지막으로 본사의 경우는 모바일 상의 회사 홍보 및 전체 고객 관리, 전체 및 점포별 매출 동향 파악, 판촉활동의 성과 관리 등 많은 업무를 스마트폰으로 파악하고 관리할 수 있다.

이것을 모바일 회사에 문의했더니 회사, 영업사원, 점포를 전체적으로 관리하는 시스템이 없으며 특수한 경우에는 이를 해결할 수 있는 테스크포스팀이 있어야 한다는 것이다. 그렇다고는 해도 각자 단편적으로만 업무를 처리할 수 있다는 것이다. 이는 일반적으로 제품은 좋은데 활용할 줄 몰라 성과를 극대화하지 못하는 경우이다.

실제 상황에서는 영업사원과 회사, 점포 간의 연락 및 업무 협조와 파악 등을 위한 방법을 제시하지 못했다. 또 점포의 매출 파악과 관리를 위한 포스시스템 설치도 매출 단위 또는 거래 횟수를 기준으로 가능하다고 했다. 이를 위해 실제 점포 방문을 요청했지만 그것도 되지 않는 상태였다.

이를 비즈니스 솔루션으로 파악해보면 말로는 스마트폰을 이용한 업무 개선과 생산성 제고라고 하지만 실제로 부분적인 단일 업무별로 이뤄지는 것이다. 이는 솔루션이 아니다. 개별 상품 판매 방식인 것이다. 솔루션은 이를 전체로 묶어 의뢰 회사의 업무를 개선하고 생산성을 높이며, 정보를 수시로 교환해 시장 상황 적응력을 키우고 성과를 극대화할 수 있는 것이다. 결국 모바일 회사의 기계나 기술은 발전했는지 몰라도 실제 고객의 문제를 해결하는 내용에는 정확히 접근하지 못했던 것이다.

최근에 회사별로 스마트폰 체계를 도입하고 업무를 처리한다는 기사가 발표되곤 한다. 하지만 시스템이 얼마나 구축돼 어느 정도의 효과를 발휘할지는 알 수 없다. 현 상황에서 성과를 얻기 위해서는 기술이 좀 더 발전해야 할 것이다.

따라서 모바일 폰 회사는 전체적으로 시스템을 빨리 구축하는 것이 우선이고 구축이 되더라도 이를 전수하는 영업사원의 능력과 활동 범위가 매우 중요하게 대두돼야 한다.

이제 실제 내용을 한번 검토해보자.

리조트 사업에 스마트폰 서비스 상품(프로그램) 도입

스마트폰의 등장은 사회 여러 분야에 파급효과가 크겠지만 특히 기업의 업무 개선과 업무 효율성, 생산성 향상에 매우 큰 기여를 할 것이다. 모바일 폰을 통한 서비스의 목적은 고객이 해당 리조트를 편리하게 이용하는 것이다.

그림 10_ 입장권 구매 전 모바일 사이트 이용의 효과

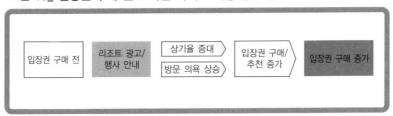

이용의 첫걸음은 해당 리조트의 정보를 수시로 확인할 수 있게 하는 것이다. 두 번째로는 필요한 사항에 대한 문의와 응답 시스템이 잘 구성돼 있어야 하며 입장권 구입과 결제가 수월해 이용의 편리성을 높여야 한다.

따라서 모바일용 해당 사이트를 개설해 고객이 편리하게 활용하게 하고 수시로 고객과 소통을 해야 한다(그림 14 참조).

이렇게 된다면 해당 리조트에 대한 이미지 증대 및 젊은 세대의 욕구에 적합한 대응으로 입장권 구매가 증가할 것이다. 고객이 우선으로 삼는 일은 입장권 확보일 것이다. 기존에는 리조트 매표소에 직접 가서 구매하거나 또는 기다리면서 구매해야 했다. 그런데 이를 모바일 폰으로 바로 구입할 수 있다면 매우 편리할 것이다. 터치 터미널을 설치해

그림 11_ 입장권 구매 후 모바일 사이트 이용의 효과

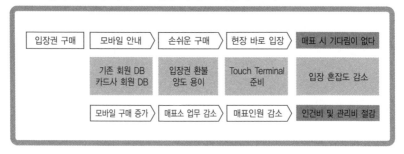

모바일 폰으로 접촉해 바로 입장할 수 있다면 입장 혼잡도가 훨씬 감소할 것이다.

　이 결과 현장 구매가 감소한다면 매표소 인원의 절감도 가능해 경비를 감소시킬 수 있다. 그리고 그 경비 감소분을 모바일 폰 구매 할인에까지 적용할 수 있다면 구매량은 더욱 증가할 것이다.

　따라서 리조트는 일상생활에서 자기 회사를 직접 안내할 수 있는 기회를 갖게 되고, 고객은 필요할 때 바로 다양한 리조트 정보와 입장권을 구매할 수 있으니 회사와 고객이 모두 이익을 얻는 것이다.

　입장 후 리조트 현장에서는 어떤 현상이 나타날까?

그림 12_ 현장 활동 시 모바일 사이트 이용의 효과

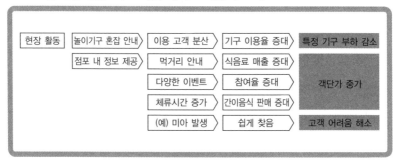

첫째, 고객들은 여러 장소에 들르거나 다양한 시설을 이용할 것이다. 만약 기다려야 이용이 가능한 곳이 있는데, 모바일 폰을 통해 혼잡한 상황을 미리 알 수 있게 된다면 고객은 좀 더 효율적이고 편안한 관람을 할 수 있을 것이다. 이는 관람률 증대로 연결된다.

둘째, 다양한 이벤트 시간을 제대로 알 수 있다. 고객들에게 이를 미리 알려준다면 참여율을 높일 수 있다. 따라서 성과 증대에 기여할 수 있고 고객의 만족도도 증가할 것이다.

셋째, 음식이나 간식을 먹으려 할 때도 사전 정보를 알려주면 메뉴, 혼잡도 등을 사전에 인지할 수 있다. 이를 통해 이용률의 증가 효과를 얻을 수 있다.

넷째, 아이나 친구를 놓쳤을 때 바로 고객센터에 연락해 안내방송을 통해 찾을 수 있다.

이와 같은 신속한 서비스는 이용률 및 고객만족도 증대, 매출 증가로 이어지며 시너지효과를 극대화할 수 있다.

이외에도 관람을 마친 후 귀가를 위한 차량 안내로 고객의 편리성을 높이고 일정 금액 이상의 매출을 기록한 고객에게 차후 이용 할인쿠폰 또는 간단한 선물교환권 등을 지급하면 더욱 좋은 리조트의 이미지를

그림 13_ 방문 완료 후 모바일 사이트 이용의 효과

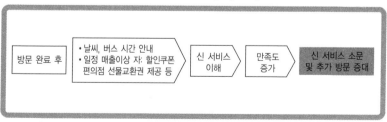

가질 수 있다.

이와 같이 고객 편이성 중심의 서비스를 제공하면 회사는 매출 증대, 업무효율과 신속성 증대, 경비 절감 등의 다양한 성과를 얻을 수 있는 것이다.

그런데 문제는 모바일 서비스 회사가 이런 상품을 모두 가지고 있으면서도 총체적인 서비스를 못하며, 있더라도 담당자가 서로 달라 시너지효과를 발휘하지 못한다는 것이다.

이와 같이 리조트 회사는 방문 고객의 이용 편이성을 증대시켜 고객 방문 및 점내 매출을 증가시키고, 모바일 서비스 회사는 리조트 회사의 문제를 총체적으로 개선하고 시스템적인 총괄 서비스를 통해 매출 증대와 생산성을 높일 수 있는 것이다. 이것이 진정한 비즈니스 솔루션이다.

그러면 여기서 봤듯이 무엇을 바꿔야 하는가?

첫째, 모바일 서비스 회사에서 제공하는 서비스 상품(프로그램)의 통합과 가격 결정 및 구입 예상 정도, 둘째, 실제 리조트 회사가 해당 프로그램 도입 시 예상되는 성과 및 가격 대비 효율성, 셋째, 향후 추가 서비스 가능 상품 안내 등이 제시돼야 한다.

아울러 이를 제대로 설명하고 수치적으로 제시할 수 있도록 담당자들의 능력 개발이 필요하다. 이 문제가 가장 중요하게 대두되는 사항이므로, 철저히 준비한다면 시장에서 경쟁우위를 갖출 수 있다.

그림 17은 리조트 이용에 모바일 서비스 상품을 이용할 시에 파악해 볼 수 있는 전체적인 내용을 도식화한 것이다. 고객이 한눈에 볼 수 있는 사항들이 제공된다면 리조트 비서를 채용한 것처럼 더 확실한 이용

그림 14_ 모바일 존(메뉴 및 구성방안)

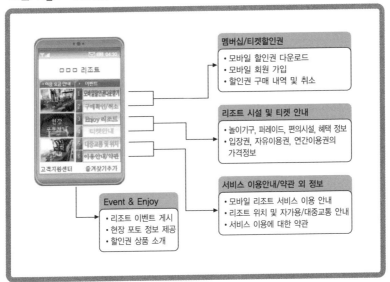

정보를 알 수 있어 즐길거리의 하나로서 챙겨놓게 될 것이다.

특히 기존에는 리조트(또는 리조트 상품)를 알리기 위해서 신문 광고나 전단지 등을 활용했지만 이는 불특정 다수에게 보낸 것이라서 효과 측정이 미흡했다. 그러나 모바일에서는 목표 고객 중심으로 카드 회원이나 모바일 존 회원을 이용한 안내 및 판촉활동을 해 광고나 판촉 행사의 효과를 파악할 수 있다.

그 외 시간이 지나면서 고정고객, 필요고객, 가망고객 등의 리스트를 확보할 수 있어 이를 적극 활용하는 기회도 얻을 수 있다. 현장에서는 실제 이용 상품과 식당, 메뉴, 그리고 판촉 행사별 참여도 등 다양한 실제 정보를 파악, 축적할 수 있어서 실제 경영활동에 많은 도움이 될 것이다.

그림 15는 모바일 존에서 입장권을 구매하는 흐름과 메뉴를 파악해

그림 15_ 리조트 입장권(또는 할인권) 구입 및 이용 프로세스(예)

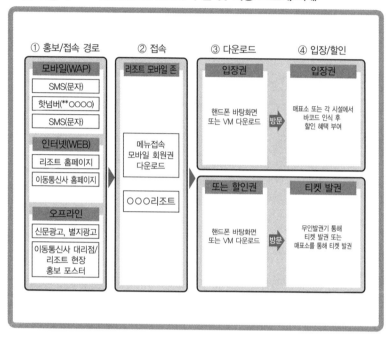

그림 16_ 인지도 증대를 통한 매출 및 부가수익 증대(예)

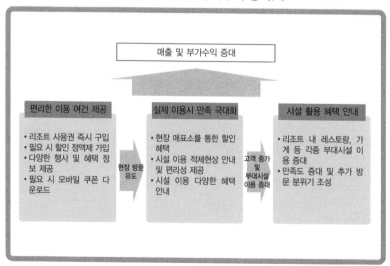

그림 17_ 리조트 사업 솔루션 모델(안)

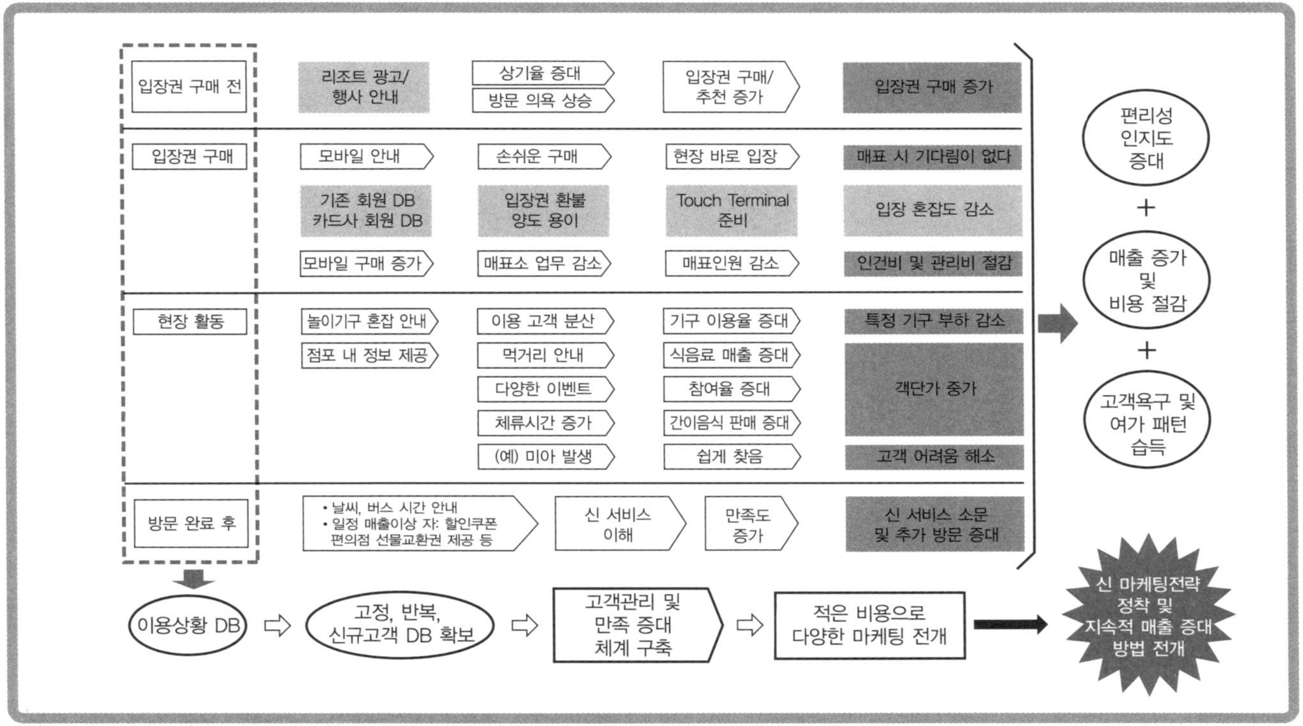

편리성 인지도 증대 ＋ 매출 증가 및 비용 절감 ＋ 고객욕구 및 여가 패턴 습득

신 마케팅전략 정착 및 지속적 매출 증대 방법 전개

입장권 구매 증가
매표 시 기다림이 없다
입장 혼잡도 감소
인건비 및 관리비 절감
특정 기구 부하 감소
객단가 증가
고객 어려움 해소
신 서비스 소문 및 추가 방문 증대

입장권 구매/추천 안내
현장 바로 입장
Touch Terminal 준비
매표인원 감소
기구 이용율 증대
식음료 매출 증대
참여율 증대
간이음식 판매 증대
쉽게 찾음
만족도 증가

상기율 증대
방문 의욕 상승
손쉬운 구매
입장권 환불 양도 용이
매표소 업무 감소
이용 고객 분산
먹거리 안내
다양한 이벤트
체류시간 증가
(예) 미아 발생
신 서비스 이해

리조트 광고/행사 안내
모바일 안내
기존 회원 DB 카드사 회원 DB
모바일 구매 증가
놀이기구 혼잡 안내
점포 내 정보 제공
· 날씨, 버스 시간 안내
· 일정, 매출이상 시: 할인쿠폰
  편의점 선물교환권 제공 등

입장권 구매 전
입장권 구매
현장 활동
방문 완료 후

이용상황 DB ⇨ 고정, 반복, 신규고객 DB 확보 ⇨ 고객관리 및 만족 증대 체계 구축 ⇨ 작은 비용으로 다양한 마케팅 전개

표 25_ 리조트 이용 단계별 제공가치와 관리 포인트

이용 단계	구분	제공 사항	관리 포인트	모바일 회사 제공 서비스
입장권 구매 전	즐길거리 필요 필요 시 상기율 입장권 구입 판촉행사 참가	수시로 제공 판촉행사 안내 요일별, 시간대별 구입 시 혜택 행사 개요 및 혜택	접속률 활용률과 선호도 접속률 구입시기, 빈도 참여시기, 빈도, 취향	
입장	입장시기 입장시간		계절별, 요일별, 시간 별 실 이용 시간 점검	
단지 내 이용	전체 내용 소개	단지 내 탑승, 볼거 리, 즐길거리, 먹거리 등	이용 상황	
	탑승물 이용	이용 방법, 이용률 탑승물 특징과 유의 사항 탑승 트래픽 정보 난이도, 곡예성, 공포성	제공 효과 인기도, 만족도 불편사항	
	볼거리	주요 내용, 소요시간 연출시간대와 장소 특기사항 및 기타	이용 상황 만족도 불편사항	
	점포 이용	점포 메뉴와 특징, 가격 점포 이용률과 트래픽	이용 상황 만족도, 불만족	
	판촉행사	판촉행사 소개 및 특징 참여 방법과 이용률 행사 참여 시 혜택	이용 상황 만족도, 불편사항	
퇴장 및 귀가	기타	주요 내용과 특징 분실 및 취득물 안내	활용사항	
	퇴장시간	분실/취득물 안내	체류시간과 이용률과 상황 점검	
	귀가 상황	탑승물 이용시간 실내의 경우 외부 날씨 이용 감사 멘트	만족 및 불만도 확인	
	감사쿠폰 제공	일정액 이상 사용재(편 의점 구매 또는 차기 이용 시 할인)	이용 장소와 이용률 추가구매율과 금액	

본 것이다.

가장 중요한 것은 편리한 이용 환경을 제공할 수 있다는 것이다.

리조트의 대고객 업무를 전체적으로 파악해봄으로써 리조트 회사의 업무 개선과 고객의 이용 편리성 확대를 통해 매출 증대 및 경비 절감의 사례를 검토해볼 수 있다.

또한 구매나 방문을 위해 해당 리조트를 검색할 때, 다양한 프로그램 소개, 판촉활동 안내 등을 알려줄 수 있다면 고객의 해당 리조트에 대한 관심과 이용 기회는 더욱 증대될 수 있다.

프랜차이즈 사업의 업무성과 개선 방법

비즈니스 솔루션은 거래 당사자의 어느 한쪽만 혜택을 받으면 안 되고 이해 당사자(참여 당사자) 모두가 혜택을 받아야 성립한다는 것을 이미 알고 있을 것이다.

프랜차이즈 사업도 리조트 사업과 마찬가지로 모바일 폰 회사, 서비스 또는 상품(프로그램)을 사용하는 회사, 소비자들이 다같이 혜택을 받아야 한다.

혜택의 구조를 분석해보면 다음과 같다(그림 18 참조).

프랜차이즈 회사는 고객에게 해당 상품과 정보 이용 시 바로 확인 및 이용할 수 있는 제반 정보를 제공할 수 있으며, 프랜차이즈 점포와 영업사원(회사)의 거래 및 협조사항을 실시간으로 지원, 보완할 수 있다.

점포는 영업에 필요한 상품, 서비스, 판촉활동에 대해 제대로 활용할 수 있고, 나아가 고객 증대 및 고객 특성을 정확히 파악할 수 있어 매출

그림 18_ 프랜차이즈 사업의 솔루션 모델(예)

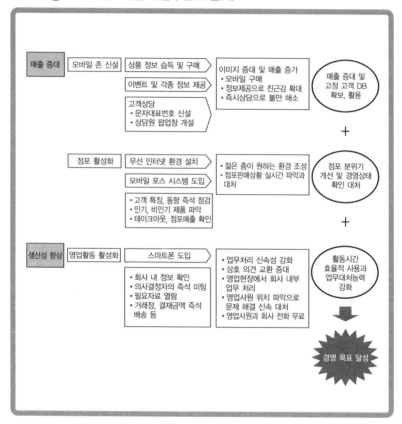

증대를 이룰 수 있다. 또한 고객이 점포를 이용하는 데 편리한 여건(무선인터넷, 제품 부족 상황 해소, 판촉활동에 대한 즉시 대응)을 구축할 수 있다. 그리고 필요 시 방범 서비스도 받을 수 있다.

고객은 해당 회사나 점포 이용에 대한 정보를 수시로 확인할 수 있어 어느 때나 구매 또는 점포를 이용할 수 있고, 다양한 판촉활동의 혜택을 받을 수도 있다.

모바일 폰 회사는 전체적인 상품, 서비스(프로그램)를 판매할 수 있고 지속적인 관리를 통해 안정적인 수익원을 확보할 수 있다.

마케팅과 영업의 경우 오프라인에서 온라인으로 이동해 모바일 중심의 마케팅을 해 업무의 성과를 높일 수 있다. 그리고 모바일 상의 목표 고객을 상대하고 그들의 구매패턴, 라이프스타일을 파악해 훨씬 높은 활동 효과를 얻을 수 있다.

04

솔루션 담당자의 변신

솔루션 활동의 전환 방향

많은 기업들은 여전히 고객 중심 활동보다는 제품이나 가격을 중심으로 한 영업 중심 활동을 전개하고 있다. 단기 실적이 낮으면 생산성이 낮다는 비판을 피하기 위해 노력한다. 고객을 위해 장기적으로 가치를 창출하거나 기업의 성공 역량을 높이려고 하기보다 단기적인 판매촉진, 인적 판매, 밀어내기식 매출과 같은 수단을 통해 시장점유율이나 매출액을 향상시키기 위한 노력만을 하고 있다. 이를 개선해야 한다는 것은 거의 모든 기업이 생각하고 있다. 그러나 어디서부터 개선을 해야하는지를 잘 모르거나 변화와 혁신에 따른 위험 부담으로 인해 영업 중심 활동이 반복되고 있어 기업의 수익률만 감소하고 있다. 문제는 다음 사항을 극복하지 못하는 상황에서 주로 나타난다.

- 단품 판매는 가격 할인 시 팔리는 경우가 많다.

- 고객은 신제품을 선호하는 경향이 높다.

- 판촉활동을 하는 제품의 구매율이 증가한다.

- 브랜드 제품을 선호한다.

- 유통점의 리베이트가 높아지고 있다.

위의 상황을 극복하기 위해서는 가격을 별로 따지지 않고 경비가 그다지 필요하지 않으며 고객의 욕구에 적합한 제품을 제공하는 판촉활동으로 현재의 어려움을 극복할 수 있는 방법이 필요하다.

소비재의 경우에는 두 가지 방법이 있다. 하나는 거래처의 사업 개념을 바꿔 고객에게 적합한 이미지 변신과 제품을 재구성하는 것이고, 또 하나의 방법은 취급하고 있는 제품을 고객의 욕구에 적합하도록 조합해 고객을 만족시키는 것이다.

우리는 지금까지 다양한 방법과 사례를 통해 솔루션에 대한 성과를 확인했다. 솔루션 사업 방법이 도입되면 실제 담당자(영업사원)는 어떤 혜택을 얻을 수 있을까?

첫째, 고객들에게 개별화된 해결 사항(솔루션)을 제공할 때 판매 확률이 높아진다. 고객의 문제를 확실히 해결해준다는 믿음을 줄 때 고객은 해당 영업사원을 계속 찾을 것이다. 나아가 영업사원(혹은 문제 해결 컨설턴트)이 제시하는 사항들이 마음에 들면 들수록 고객들이 지불하는 가격이 올라갈 것이다.

둘째, 개별 고객을 위한 개별적 경험(만족) 극대화를 이룰 수 있는 솔루션 방법이 계속 진화하게 돼 최고의 솔루션 해결자가 될 것이다.

새로운 경쟁 상황은 새로운 사고방식과 태도를 요구한다. 고객가치는 고객에게 관심을 기울인다고 저절로 발견되는 것은 아니다. 고객가치를 찾아내기 위한 체계적인 장치가 필요하다. 또 고객가치를 발견했으면 이를 상품으로 구현해 고객에게 판매해야 한다. 고객에게 가치 있다고 생각하는 것을 확인했더라도 이것이 실질적 제품이나 서비스로 만들어지지 않거나, 아무리 좋은 상품을 만들었어도 판매에 소홀해서 많은 고객에게 선보이지 못했다면 고객 중심 기업이라고 할 수 없다. 따라서 고객가치의 발견에서부터 구현, 전달에 이르는 전체 비즈니스 시스템을 고객 중심으로 구축하고 활용하는 것은 고객 중심 기업의 필수 조건이다.

그리고 산업재, 중간재의 경우 새로운 용도를 개발해 사용 범위를 확대하는 방법, 생산성을 향상시킬 수 있는 방법, 원가 절감을 얻을 수 있는 방법, 그리고 구입 시 자금 부담을 덜어줄 수 있는 방법 등 고객의 실제 어려움을 해결해주는 것으로 문제를 해결할 수 있다.

기업들이 이러한 문제점을 해결하기 위해서는 앞에서도 말했듯이, 가치사슬에서 마케팅 활동을 기존의 4P 관점이 아닌 4C 관점으로 접

표 26_ 세일즈 모델의 중요비중도

과거의 세일즈 모델		새로운 세일즈 모델	
내용	중요비중도	내용	중요비중도
친밀감 형성	10	구매 확인과 마무리	10
자격 요건 파악	20	요구 파악	30
판매 제안	30	신뢰 구축	20
판매 마무리	40	해결 방안 제안	40

근하는 것이 필요하다. 즉, 고객욕구를 재확인하고 해당 고객욕구에 제공할 가치를 정립한 후 해당 제품, 서비스 구입의 최적 조건을 제시해야 한다. 이때 고객의 신뢰를 구축하기 위해 전문성을 차별화하고 지속적인 고객과의 커뮤니케이션을 강화해야 한다.

솔루션 활동 사례

제안된 성공 기준

- 판매 제품: 콜센터 운영 장비
- 경쟁 상황: 비교적 치열한 편이다.
- 품질 특성: 판매 회사 제품이 가장 비싸며 품질이 우수하다.
- 현 상황: 판매 조건이 까다롭고 고객이 가격 할인을 요구하고 있다.

세일즈 솔루션에서는 협상에 유리하도록 영업사원에게 납품 시 얻을 수 있는 기회를 강조한다. 또한 가격을 언급할 시기가 아니므로 레이블링 기술을 이용해 가격에 대한 답을 미루고 다른 질문을 시도한다.

레이블링은 책이나 문서에서 중요한 주제나 위치를 쉽게 구분·표시하는 라벨을 말한다. 내가 전하고자 하는 의도, 방향, 주제 등을 상대에게 미리 알려주는 것이다. 그렇게 함으로써 상대는 듣고자 하는 마음의 준비를 하고 경청할 수 있다. 대화 중간에 자신이 원하는 방향으로 상대를 자연스럽게 유도하는 기술이다. 예를 들어, "질문 한 가지 더 있습니다. 말씀드려도 될까요?"나 "새로운 기획안이 줄 수 있는 세 가

표 27_ 시대 변화와 영업사원의 역할

일반적인 영업방식	세일즈 솔루션
고객: 귀사의 가격 조건을 알고 싶습니다. 참고로 우리 회사가 업계 1위라는 것을 아시죠. 따라서 저희가 구입을 하면 다른 회사 판매도 수월할 것입니다.	고객: 귀사의 가격 조건을 알고 싶습니다. 참고로 우리 회사가 업계 1위라는 것을 아시죠. 따라서 저희가 구입을 하면 다른 회사 판매도 수월할 것입니다.
영업: 물론 저희도 그렇게 생각합니다.	영업: 가격 조건을 말씀드리기 전에 한 가지 질문을 드려도 될까요? (레이블링)
고객: 이번 장비 구매 건은 여러 회사와 의견을 나누고 있으나 가격 조건만 맞으면 귀사와 거래하고 싶습니다.	고객: 그러시죠.
영업: 그럼 부장님은 어느 정도 예산을 계획하고 계신지요?	영업: 부장님께서는 최고의 시스템을 원하는 것이지요? (해결 질문)
고객: 예산 내에서 집행해야 하고, 경기도 좋지 못해서 그다지 여유가 없습니다.	고객: 물론이지요. 고객만족을 위해 최고를 계획 중입니다.
영업: 예산을 알려주시면 저희도 그 예산에 맞추도록 노력하겠습니다.	영업: 역시 고객만족에 중점을 두시는군요. (긍정적 스트로크)
고객: 저희가 책정한 예산은 3억 원입니다.	영업: 지금 최고의 품질을 원한다고 했는데 가격과 품질 중 어느 것이 우선입니까? (확인 질문)
영업: 그러시군요. 저희가 제공한 가격과 차이가 많네요.	고객: 품질이지요. 그러나 비용도 중요합니다.
고객: 하지만 저희에게 납품을 하신다면 홍보 효과가 있어 다른 회사 판매에 많은 도움이 될 것입니다. 또 저도 적극 홍보하겠습니다.	영업: 품질에 대한 다른 사항을 질문해도 될까요? (레이블링)
영업: 잘 알겠습니다.	고객: 예.
	영업: 최고 품질의 운영시스템이 설치되지 않으면 어떤 영향이 있을까요? (문제 확대 질문)
	고객: 시스템의 질이 떨어지면 고객만족도가 하락하고 회사 신뢰도에 문제가 있겠죠.
	영업: 문제가 생기면 부장님도 영향이 있겠네요. (문제 확대 질문)
	고객: 어느 정도 영향이 있겠지요.
	영업: 네. 예산 범위에 맞춘 구입, 품질 수준에 적합한 예산운영이 효과적이지 않을까요? 또 장비 운영의 장기적인 비용뿐만 아니라 부장님 업무평가에도 긍정적이지 않을까요? (해결 확대 질문)
	영업: 선택에 도움이 되는 말씀, 한 가지만 더 드려도 될까요? (레이블링)
	고객: 네, 무슨 말인데요.
	영업: 가격보다 부장님이 계획하는 운영시스템의 성능과 신뢰성을 알려주시면 회사 기술자와 연구해 가장 효과적인 방안을 찾겠습니다. 최고수준의 장비에 따른 비용 조정도 가능하지만 추가 비용이 들더라도 그 이상의 결과를 얻는다면 충분한 가치가 있다고 생각하지 않으세요? (해결 확대 질문)
	고객: 좋은 지적이네요.

지 이점에 대해 말씀드리겠습니다"라고 하면 상대는 내가 말하려는 주제나 방향에 대한 감을 잡고 끝까지 경청하게 된다. 레이블링의 효과는 다음과 같다.

- 의사소통이 원활하고 정확히 전달할 수 있다.
- 불필요한 오해, 오류, 왜곡을 방지한다.
- 상대에게 내가 말하려는 주제나 방향을 미리 알려줘 마음의 준비를 할 수 있고, 끝까지 경청하게 할 수 있다.
- 이야기 방향이나 내용을 자연스럽게 자신의 방향으로 이끌게 한다.
- 상대방이 반드시 질문에 대한 대답을 하게 한다.
- 대화를 주도하게 만들어 커뮤니케이션의 전문가로 인정받게 한다.

고객으로부터 계속 부정적인 답변을 들은 영업사원은 의욕을 잃어 업계를 떠나게 될 수도 있다. 또한 마음 속에 자리 잡은 부정적인 기억은 새로운 고객을 찾는 일에 두려움과 불안감을 갖게 해 활동을 중단하게 만든다.

그러므로 자발적 구매를 높이기 위해서는 우선 영업사원이 제품에 대해 충분한 신뢰성을 가지고 있는지를 보여줘야 한다. 따라서 제품 지식을 확실하고 풍부하게 알아야 하며 이를 정확히 전달해야 한다. 즉, 제품 지식에 대해 다양하고 자세한 정보를 습득하고 있어야 한다.

위 사례에서 영업사원의 대화로 다른 방식의 영업 방법을 봤다. 두 영업사원의 다른 점은 무엇인가? 어떤 영업사원이 팔 수 있을 것이라고 생각하는가?

기존에는 일반적인 영업사원의 유형으로 판매가 이뤄졌다. 그러나 최근에는 세일즈 솔루션 방식의 실적이 두드러지고 있다. 구매 후에 나타날 수 있는 상황까지 검토한 제안이 상품 설명 내용에 포함되고 있는 것이다.

52주 판촉 카렌다(예)

작성방법

- 매월 주간, 일간 단위의 업무일지 형태의 달력을 만든다.
- 매일 해당 달력에 날씨, 최고 · 최저기온을 기재해 날씨 변화에 따른 매출 분포, 판매제품 등을 확인한다. 이때 특별히 매출이 높거나 낮은 제품을 기재해 활용한다.
- 해당 월의 마케팅 테마를 설정한다(예: 신학기, 꽃구경, 봄철의 행락기간 등).
- 행사기념일, 학교행사, 생활여건 등을 기재하고 제품류를 기재한 후 해당 제품류의 판매결과를 기재한다(예: 선어, 청과, 과일).

서포트 카렌다의 활용표

- 봄: 1~13주
- 여름: 14~26주

- 가을: 27~39주

- 겨울: 40~52주

- 참고자료: 벚꽃놀이, 단풍관광

서포트 카렌다의 활용법

1년 52주의 생활 움직임을 4분기(3개월)로 나눠 작성한 것이다. 분기별, 계절별, 절기별, 일별 연중행사와 기념일 그리고 학교행사 등을 기본으로 해 고객 생활의 움직임을 중심으로 마케팅 계획을 수립하고 시행한다. 신년 계획을 책정할 때 참고한다.

생활자의 생활의식이나 행동을 구성하는 요소로부터 업데이트한 '살림', '생활'을 다음 제안과 같이 표현하고 있다.

- 월일

- 요일

- 기온

   기상대발표 〈기상월표 20××년 08월~20××년 9월〉 자료로부터 서울의 최고·최저기온·평균기온을 그래프로 나타낸다. 또 참고자료로 〈주요 도시 기온 데이터〉를 게재한다. 각 계절에 다시 붙여 사용한다.

- 24절기 : 24절기 중 한 절기는 약 15일로, 한 달에 두 개씩 나눈다.

   - 1월: 소한, 대한

   - 2월: 입춘, 우수

   - 3월: 경칩, 춘분

- 4월: 청명, 곡우

- 5월: 입하, 소만

- 6월: 망종, 하지

- 7월: 소서, 대서

- 8월: 입추, 처서

- 9월: 백로, 추분

- 10월: 한로, 상강

- 11월: 입동, 소설

- 12월: 대설, 동지

- 연중행사 기념일: 연 1회로 제정된 기념일이나 주기적인 기념일은 대부분 업계 단체가 설치한다. 해당 기념일을 테마로 한 프로모션 기획은 업계로부터의 지원을 얻기 쉽다.

- 학교행사와 자기 생활: 소비자의 행동을 '학교생활'과 '자기 생활'을 중심으로 잡고 중점 테마를 고민한다.

- 계절감: 사람들은 종종 "계절이 하나 사라졌다", "절기가 사라졌다"고 말한다. 계절의 변화는 달력을 보고 아는 것이 아니라 눈으로 보고, 귀로 듣고, 손으로 만지고, 먹어서 맛보고, 냄새를 맡는 등 오감을 통해 느낄 수 있다. 계절의 특징을 이용해 판촉 이벤트를 전개하면 구매력을 증대시킬 수 있다. 계절감에 시각적인 이미지 요소를 부각하고, POP를 첫 표시물이나 음성표현에 의한 이미지 만들기에 유용하게 쓴다.

- 테마: 소비자의 생활은 날마다 변화하고 있다. 그 의식은 한 보 앞서 나가고 있다. 가게는 소비자가 제안하는 생활의 요소를 활용해 테마를 정하는 것이 좋다.

| 참고문헌 |

• 에이드리언 J. 슬라이워츠키 저, 황건 역, 《가치이동》, 세종서적, 2000.

• 니르말야 쿠마르 저, 김상욱 · 전광호 역, 《CEO에서 사원까지 마케팅에 집중하라》, 김영사, 2006.

• 크리스티안 미쿤다 저, 최기철 · 박성신 역, 《제3의 공간》, 미래의창, 2005.

• 심재우 저, 《잭 웰치의 세일즈 노트》, 청년정신, 2005.

• 다카하시 가츠히로 저, 홍찬선 역, 《솔루션영업의 기본전략》, 시공사, 2006.

• 에이드리언 J. 슬라이워츠키 · 리처드 와이즈 공저, 박정혁 역, 《성장엔진을 달아라》, 세종연구원, 2004.

• 제리 애커프 · 윌리 우드 공저, 권구혁 · 심태호 역, 《고객처럼 생각하라》, Kpub, 2008.

• 존 페퍼 저, 권오열 역, 《사랑받는 기업의 조건》, 비즈니스맵, 2008.

• 조준일 저, 《솔루션 비즈니스 이렇게 준비하라》, LG경제연구원, 2006.

• 질 리포베츠키 저, 정미애 역, 《행복의 역설》, 알마, 2009.

제품 대신
솔루션을 팔아라

초판1쇄 인쇄 2013년 3월 15일
초판1쇄 발행 2013년 3월 25일

지은이 정영복
펴낸이 최준석

펴낸곳 한스컨텐츠(주)
주소 (121-894) 서울시 마포구 서교동 375-36 운복빌딩 3층
전화 02-322-7970 **팩스** 02-322-0058
출판신고번호 제313-2004-000096호 **출판신고번호** 2004년 4월 21일

ISBN 978-89-92008-54-9 (13320)